公司法务之道

—— 从风险管控到价值创造 ——

章诗学◎著

SPM
南方出版传媒
广东经济出版社
·广州·

图书在版编目（CIP）数据

公司法务之道：从风险管控到价值创造 / 章诗学著．—广州：广东经济出版社，2022.1（2023.6 重印）

ISBN 978-7-5454-8166-2

Ⅰ.①公…　Ⅱ.①章…　Ⅲ.①公司法—研究—中国　Ⅳ.①D922.291.914

中国版本图书馆 CIP 数据核字（2021）第 260140 号

策　　划：孙秋月　张潇予　孙冉冉　唐　新
责任编辑：刘亚平　郭姝均
责任技编：陆俊帆
封面设计：李尘工作室

公司法务之道：从风险管控到价值创造
GONGSI FAWU ZHI DAO: CONG FENGXIAN GUANKONG DAO JIAZHI CHUANGZAO

出版发行：广东经济出版社（广州市水荫路 11 号 11 ～ 12 楼）
印　　刷：珠海市国彩印刷有限公司
（珠海市金湾区红旗镇永安一路国彩工业园）

开　　本：730 毫米 ×1020 毫米　1/16
印　　张：13
版　　次：2022 年 1 月第 1 版
印　　次：2023 年 6 月第 2 次
书　　号：ISBN 978-7-5454-8166-2
字　　数：176 千字
定　　价：65.00 元

发行电话：（020）87393830
编辑邮箱：gdjjcbstg@163.com
广东经济出版社常年法律顾问：胡志海律师
法务电话：（020）37603025
如发现印装质量问题，请与本社联系，本社负责调换。

推荐序

P R E F A C E

回归商业本质　重塑法务价值

“为时而著，为事而作”，这八个字自古以来就是文人著书立说的基本原则，也是最高追求。每一个时代都需要有专家学者为大众代言，为时代发声。

2020年，我国已取得脱贫攻坚战的伟大胜利，朝着共同富裕的道路继续前行。2021年，我们迎来建党100周年，开启全面建设社会主义现代化国家的新征程。面对新征程、新坐标、新使命，企业家必须具备新思想、新观念、新作为，一马当先，要有法律思维，以丰富扎实的法律知识面对不确定的未来商业世界。很多时候，企业家需要在有限的信息情报甚至互相矛盾的结论中快速做出决策，其间还夹杂着名利、亲情、人性的拷问，面对如此复杂的境况，企业家该如何抉择？唯有法律永远正义。

改革开放40多年来，我国持续打造市场化、法治化、国际化的营商环境，不断完善相关法律法规。在市场经济早期，有些人曾靠不讲诚信、违纪违法浑水摸鱼而一夜暴富，但大部分难以善终。近年来，那些走邪门歪道的企业家甚至商业巨头都受到了法律的严惩，付出了惨重的代价。回归商业本质，企业家要讲正气、走正道，诚信经营，遵纪守法；要具备法治意识、契约精神、守约观念，在合法合规中提高企业竞争力。这是市场经济的基本要求，也是商业竞争的长远之道。

我于2003年师从清华大学马俊驹教授钻研法律，2012年通过博士论文答辩获得法学博士学位。在清华求学的将近十年间，我经历了震惊中外的“中国航油事件”，在沉浮起落中重新认知了法律对于个人、企业乃至国家的意义和价值。我并不回避那段历史，甚至经常反思、主动提及，在企业经营管理尤其是海外投资过程中，一定要警惕法律风险，我本人就曾触碰过新加坡法律。我曾经在《陈九霖自述：新加坡陷阱的回望与反思》《地狱归来》《商业的逻辑》《石油衍生品合约监管法律问题研究》等作品中不同程度地记录、叙述、剖析过这个案例，在企业家群体中引发广泛讨论，影响深远。

在我看来，在战略决策、制度设计、经营管理特别是上市、融资、并购和整合等专业运作过程中，企业家需要具备法务专业人才的实战能力和解决方法。如果企业缺乏这方面的高手，可以聘请专业人才或法务机构，而且有些工作必须交给专业机构办理。同时，企业家和高管团队必须懂得一些法务常识，以便科学地做出决策并防范风险。法务知识越专业、越丰富，决策效率就越高，成功的概率也就越大。

这是我在2012年之后创办并经营约瑟投资10年来的宝贵经验，也是阅读《公司法务之道：从风险管控到价值创造》这部作品的真切感受。掩卷之余，我倍感欣慰，书中的很多观点与我不谋而合。作者章诗学律师与我是湖北浠水同乡，他出身农家子弟，毕业于湖北大学法学专业，从事律师、法务工作20多年，其中绝大部分时间在著名民营企业、工业电器龙头企业——正泰集团负责公司法务和知识产权工作，帮助正泰打赢了在德国、西班牙、意大利、巴西等地的一系列知识产权诉讼官司，特别是正泰诉施耐德专利侵权案，被业界誉为“中国专利侵权赔偿第一案”。

作者的知识体系与实战经验决定了本书的高度、深度与温度，章诗学律师不仅从知识产权、治理结构、管人用人、制度建设、外贸法律、资本运作以及采购、销售、物流法务等方面旁征博引经典理论、信手拈来精彩案例，而且深入浅出地分析了企业经营中涉及的刑事法律、职务犯罪问题以及诉讼、仲裁的应对措施。本书的内容充满正能量，文字富含真性情。可以说，我从中读到了真理，学到了真知，感到了真情。

正如本书副书名所定义的那样，今天的公司法务一定要完成“从风险管控到价值创造”的转变。法务人员不仅要专业精深、知识丰富，帮助企业规避法律风险，而且要有开放心态、全局思维，以企业家的高度甚至客户的角度参与价值创造；既要前瞻性布局法务管理体系，又要深入理解公司业务和客户需求，从而成为企业发展过程中举足轻重的强大驱动力。

《公司法务之道：从风险管控到价值创造》以法务立意破题，但绝不是一本止步法律的呆板枯燥的教科书，而是涵盖公司治理、人力资源、经营管理、资本运作等多维度的管理秘籍。本书对企业发展和法治建设大有裨益，值得企业家、法务部门负责人、创业者阅读、参考。我相信，阅读者一定会有所收获。

陈九霖

2021年10月26日

陈九霖，博士，北京约瑟投资有限公司控股股东、董事长。世界500强企业中国航油集团奠基人之一，曾任中国航油集团副总经理、上市公司中国航油（新加坡）公司总裁、中资企业（新加坡）协会会长、中央企业中国葛洲坝集团国际工程有限公司副总经理。目前兼任中央统战部建言献策专家组财金组秘书长、全国工商联国际合作委员会委员、中国石油集团国家高端智库研究中心研究员，以及国内外多所知名大学客座教授、特聘教授。

自序

PREFACE

以法律为志业，在市场中成长

法务兴则公司兴，公司兴则国家兴。

作为公司法务顾问，我认为法律要为公司服务、为经济发展服务，要推动社会发展，但是很多时候，反而是经济发展走在了法律前面。只有当一个国家的法律法规能匹配经济发展速度，人民整体生活水平才能稳步向前，人们才能感受到更多的获得感和幸福感。我从事法律工作20多年，走过了从律师到公司法务，再回归律师的历程，也见证了中国法治环境的不断改善。一路走来，国家法律法规不断完善，司法水平不断提高，民众对法律的信任和认知不断增强，在法律制度的有力支撑下，我国经济实现了快速增长。

我与法律结缘始于本科毕业时被授予的法学学位。那时我还是一个忧心前程的懵懂少年，和很多农家子弟一样，只能依靠读书改变命运，我是“全家甚至全村的希望”。但是在1990年的高考考场上，幸运之神好像完全没有眷顾我。语文向来是我的优势科目，而我却把大小作文写反了。第一科就惨遭滑铁卢，我对后面的科目失去了信心，最糟糕的是，数学也没有发挥好。整个暑假，我都没能逃过高考发挥失常的连绵噩梦，我曾一度感到十分绝望。放榜的时候，幸运之神莫名降临，我居然拿到全校第一名。这大喜大悲的一年直接改变了我的人生走向，在各种机缘下，我进入湖北大学政治教育系，开启了大学生活。

那是一个风云激荡的年代。作为1990级大学生，“反和平演变”“南方谈话”“入关”“下海经商”是那个时代的关键词。我的专业课政治经济学从第一学年的计划经济到第二学年有计划的商品经济，再到第三学年的市场经济，每一次名称调整都让人深刻感受到改革开放的迅疾而猛烈，人们渴望在变化中迎来更美好的未来。1990级大学生还算幸运，能享受国家高额补贴，毕业后还由学校包分配，大学生鲜见失业者。四年青葱岁月，弹指一挥间，我们在对前途的迷茫和憧憬的复杂情绪中毕业了。

出乎意料的是，在毕业时，我们的政治教育学专业竟然被授予法学学位。于是，许多对第一职业不甚满意的同学开始向法律方向规划职业路径，我也不例外。即便有幸被分配到武汉一家国企做政治宣传工作，拿到国家干部身份。但在大变局中，企业、个人的命运都在时代浪潮中经历风雨的洗礼，前途并非无限宽广。

此时，“国企破产重组”以及“下岗工人再就业”成为整个社会的关键词。作为国企的一分子，我产生了强烈的职业危机感，于是决定主动求变，另寻出路，加入法考大军。这成为我职业生涯的第一次转折。

1998年，我顺利通过国家律考，由国企员工顺利转型为一名执业律师。在此期间，我主要是给律师事务所主任打下手——做会议记录、手抄答辩状、跑腿收集证据。由于经常在武汉三镇奔波取证，因此武汉的大街小巷都被我用双脚丈量了个遍。在那个年代，老百姓的关系意识大过法律意识，“冤死不打官司”，请律师打官司成为一般人无奈的最后尝试。与今天我们以经济案件为主不同，当时还是以风险较高的刑事案件为主，这样的时代印记给初入律师生涯的我留下了各种各样的心悸和教训，也让我对法律有了更深的敬畏之心。虽说凡事不可能尽善尽美，但律师这个职业学无止境。

执业之初的焦虑和急于求成让我再次做出改变。2001年，我进入正泰集团，从执业律师转向公司法务。与正泰结缘始于2000年的一个偶然事件，当时我所在的律师事务所接手了一个温州的债务纠纷案件，主任派我前往温州取证。在绿皮火车上熬了20多个小时，我终于来到瓯江对岸，踏上了这片充满活力和希望的热土。

出差间隙，我拜访了一位老友，在他踌躇满志的谈话中，我感知到了温州民营经济的发达。温州作为沿海地区，其经济与内陆经济已形成明显差距。从传统的农业社会角度来看，温州并不具备地域优势——人多地少，土地贫瘠，“总一岁之收，不敌浙西一邑之赋，举全州尽熟，不如苏、湖一顿之粥”，直到中华人民共和国成立初期，温州山区仍是中国版图上最贫穷的土地之一。然而，改革开放大潮涌动，温州人敢为人先，勇立潮头，经商足迹遍布全国，当地经济发展势头迅猛，一镇一特色。而正泰集团是整个浙江民营企业的一面旗帜，前景蒸蒸日上。经过再三考虑，我决定留在温州，加入正泰，在南征北战中捍卫法律尊严，维护公司利益。这段奋斗拼搏之路一走就是20年。

当时，中国民营企业普遍处于法律意识薄弱的发展初期，不会专门设置一个岗位招聘法务人员。此时正泰遇到一个棘手的大麻烦，迫切希望有法务专家出手相助。1994年，世界500强企业法国施耐德派出代表前往温州，美其名曰拜访正泰，其实是为“清理中国市场”的大计划暗度陈仓。

20世纪90年代，国内很多民营企业都是以模仿式创新起家，甚至照抄照搬，以国外较为先进的思想和技术为蓝本，再融合本土需求进行微创新。彼时，中国的工业市场还是一片蓝海，国际巨头当然不能容许自己的既得利益被提前分割，他们的策略是先吞并后垄断，如果无法达成合作，就以侵犯专利权为名打击竞争对手。

正泰与施耐德较量，无异于蚍蜉撼大树。但是，正泰并没有俯首称臣，而是高昂头颅，决心与其对抗到底。2001年，施耐德对正泰发起第二轮攻击，我正式进入正泰负责法务工作，对接与施耐德的专利应诉。

应对施耐德的知识产权打压是一个漫长而煎熬的过程。2006年，为了彻底扭转被动挨打的局面，我提出“以其人之道还治其人之身”的反击方案，得到了正泰集团董事会的认可，大家达成共识，决定放手一搏。没想到，正泰完成逆袭，我一战成名。这场被誉为“中国专利侵权赔偿第一案”的官司，最终以施耐德向正泰赔付1.575亿元人民币而告终，这对深陷十几年知识产权官司的死对头终于达成全球和解。

2010年，我被派往上海，负责组建正泰集团上海基地正泰电气法务部。这是一次难得的发展机会，我收起准备功成身退、重回律师行业的打算，迁居上海，开始了正泰电气的法务工作。

公司法务和律师的工作内容看似大同小异，其实各有特点。对于律师而言，职业属性使其更专注个案，更专业，案情更有挑战性和趣味性，见识也会更丰富，可以从多个角度窥探人性。而作为公司法务，工作内容看起来更宏观。首先，需要学会预防市场及行业风险，建立企业的风险防范体系；其次，要服从企业的战略发展规划，再去制订计划。这个岗位不仅要面对某个案子的局部胜利，而且要为企业长期的战略目标服务。

公司法务的重要性显而易见。但在一些企业管理者眼里，平时，公司法务的工作并不多，认为不必特设岗位。当企业被市场环境倒逼、被竞争对手一纸诉状对簿公堂时才幡然醒悟，然后慌忙建立法务部门，却为时已晚，最终因法务工作的临时抱佛脚而损失惨重。

从1999年进入律师行业，到2001年进入正泰负责公司法务，再到如今决定再次做回律师，我的法务人生算是画了一个圆圈。

20多年来，我从法务的角度见证了中国民营企业的发展历程。我日常关注、遇到的法律问题也是大多数企业应该关注且日常会遇到的麻烦事。前事不忘，后事之师。对广大中国企业，特别是准备走向海外的企业而言，这些法律实务留下的经验和教训都是宝贵的财富。值此告别公司法务生涯之际，回望初心，起心动念，我决定将20多年来的经验、心得和盘托出，以理论与实践相结合的方式抽丝剥茧，知无不言，希望能够给企业家、管理者、法务人员一些启发、一点思考。

如是，我心安慰，不负青春。

章诗学

2021年10月15日

目录

C O N T E N T S

CHAPTER 1

|第一章|

产品与产权：企业知识产权风险

对于企业来说，知识产权就是一把双刃剑，用好了，将在法律的保护下赢得合法利益，获取经济价值；用得不好，保护不到位，企业的发展很可能就会遇到瓶颈，甚至遭遇法律风险。美国主要针对知识产权侵权行为对美国以外的企业发起的“337调查”几乎每天都在发生。而近年来，我国成为全世界遭受“337调查”最多的国家，主要涉及电子、通信、化工、机械、轻工、医药、食品、服装等领域，我国企业的败诉率也高达世界平均败诉率的2倍之多。由此可见，知识产权对于企业发展的影响是多么深远。

毫无疑问，对于企业而言，知识产权是一项重要的无形资产，是企业在激烈的竞争环境中握在手中的一张制胜王牌，更是当下时代企业利益冲突的焦点。同领域企业间的知识产权争议已经成为企业众多纠纷的导火索，甚至成为企业顺利“走出去”的桎梏。在当下这个腾飞的数字时代的竞争环境中，一旦自己的知识产权被侵犯，企业注册商标被驳回，就会遭受很大的损失。作为知识产权持有人的企业在竞争中将被赋予怎样的法律使命和责任，又如何更有效地申请专利保护呢？

从企业知识产权风险角度来说，我们可以将它概括为企业在生产经营活动中可能遇到并且会给企业带来不利影响的知识产权事项。在知识经济全球化背景下，为保护市场领先地位或取得更大的市场份额，企业早已将知识产权视作自己的核心竞争力和重要产品输出手段。

这些都说明知识产权风险存在的普遍性和知识产权风险对企业的重要影响。企业的发展面临诸多机遇与挑战，也会遭遇各种不可预知的风险和隐患，想要高效地预防这些风险和隐患，就需要企业将知识产权风险管理重视起来，建立健全知识产权风险管理体系。只有这样，知识产权的风险管理水平才会得到提高，企业才不至于毫无准备地遭遇侵权和伤害。

知识产权与企业的关系

企业之所以存在，必然是因为其生产的产品或服务受到了消费者的认可。产品和服务几乎可以被称作企业的核心，它们就像企业的血脉，如果血脉断了，企业也就散了。对企业的发展而言，对产品这个金字招牌进行重点维护的重要性不言而喻。

在当下这个时代，我们热衷于那些能让我们的生活变得更加便捷的科技产品，人工智能问世至今，智能支付、智能驾驶、全屋智能家居等智慧型产品在让我们的生活变得方便快捷的同时，也让我们对智能产品越来越信任。

这些智能产品背后的英雄是不计其数的创新企业和科研人才。产品及服务代表着企业的口碑，企业也同样需要产品或服务作为其品牌象征，两者是相辅相成的关系。就如提到淘宝、支付宝，我们会理所当然地想到阿里巴巴；提到微信、QQ，我们会理所当然地想到腾讯。在用户眼中，支付宝和微信钱包作为便捷的智能支付产品，就是阿里巴巴和腾讯的活招牌。

随着知识经济的迅猛发展，由商标、专利产品等企业产品特指“名片”逐渐形成的知识产权概念正日益被企业重视。顾名思义，知识产权是指知识财产范畴内的所有权，它几乎囊括了企业产品的所有方面，包括各种智力创造，如发明、外观设计、文学和艺术作品，以及在商业活动中使用的标志、名称、图像等，是人们就其智力劳动成果所依法享有的专有权利，通常是国家赋予创造者在一定时期内对其智力成果享有的专有权或独占权。

知识产权在法律领域属于民事权利，是创造性智力劳动成果被有关部门核准后，依法产生的专有权利。有学者考证，在17世纪中叶，“知识产权”这个词最早由法国学者卡普·佐夫提出，随后，比利时著名法学家皮卡第将之定义为“一切来自知识活动的权利”。直到1967年《世界知识产权组织[①]公约》签订以后，“知识产权”的表述才逐渐被国际社会普遍使用。

知识产权作为智慧创新成果的结晶，是大多数企业在市场竞争激流中站稳脚跟的强力保障。其与众不同，推陈出新，总能在市场中抢占一些先机。不过，也有不少企业由于市场竞争经验不足，抑或没能给予知识产权一定程度的重视，导致其在激烈的竞争中接连受挫，甚至遇到原创变抄袭的情形，赔了钱又砸了招牌，最后落得个血本无归的结局。

即便是盛名之下的跨国企业、久经沙场的龙头国企，也有可能在大意之时被迫卷入知识产权纠纷案件中，在声誉遭受极大损害的同时，还可能会被判令支付巨额赔偿金。在各国商业规则逐步健全的大背景下，国际贸易得以借助国际桥梁而搭乘顺风车飞速发展，但与此同时，国内外企业之间的知识产权侵权案件也愈演愈烈。

众所周知的苹果公司以其创新产品iPhone享誉全球，每每更新换代，都会让全世界的“果粉”充满期待，让企业赚得盆满钵满。当年乔布斯在决定用iPad作为品牌时，可能没有料到这会是一枚引发商标侵权纠纷的定时炸弹。在苹果旗下的iPad正式进入中国之前，深圳唯冠公司的“iPad”早已在中国注册了近10年，但美国习惯认定“使用在先”，而中国奉行“注册在先”，两国在商标所有权认证上遵循的规则并不一致，这让双方的纷争变得更为复杂。最终依据我国法律，苹果公司的“iPad”商标被判定侵权，苹果公司不得不在二审上诉前与深圳唯冠公司达成调解协议，向其支付6000万美

①世界知识产权组织（World Intellectual Property Organization），简称“WIPO”，是联合国保护知识产权的一个专门机构，根据《世界知识产权组织公约》设立。该公约于1967年7月14日在瑞典首都斯德哥尔摩签订，1970年4月26日生效。中国于1980年6月3日加入世界知识产权组织。世界知识产权组织总部设在日内瓦。

元，拿到由深圳唯冠公司所持有的商标“iPad”，实现商标价值的最大化。

国际知名企业因知识产权官司输给一家名不见经传的小企业，这远比同量级的企业斗争更能引发人们热议，这也足以说明知识产权在当下时代的重要性，一着不慎，便是满盘皆输。

如果一家企业的发展和壮大脱离了知识产权，或者分明是手握知识产权的企业，管理者却不重视知识产权的风险管理，那么后续可能产生的后果是无法想象的。诸如此类，一系列知识产权侵权案件的接连上演正倒逼着企业充分了解知识产权的高效管理，继而加固企业自身有关知识产权的风险防范。

当下，未雨绸缪的意识已令很多企业付诸行动。大多数企业的知识产权风险防范已经从此前的销售、运营阶段提前至研发阶段。显而易见，知识产权正因市场经济的深入和迅猛发展而渐渐成为多数企业的核心竞争手段。

就本质而言，知识产权是一种无形的财产权，无形财产与房屋、汽车等有形财产一样，都受到国家法律的保护，都具有价值和使用价值。有些重大专利、驰名商标等无形财产的价值远高于房屋、汽车等有形财产，在这样的背景下，企业对待知识产权的态度需要也必须有所转变。

知识产权在一定程度上可以说是一家企业的“有效身份证明保护”，企业自主创新生产、研发的技术和产品可以申请相应领域的技术或产品专利，即向相关部门做个身份认证，获取特定的、唯一的“身份证号码”。就好比个人的身份证号码一样，它仅指代我且只属于我，只能允许我自己使用或授权他人使用。

不过这也容易造成一个误区，那就是很多人会将知识产权简单理解为企业或个人对技术和产品的专利保护，这就有些狭隘和片面了。

事实上，知识产权涵盖的范围极广，包括专利、商标、著作权及相关权、商业秘密、地理标志、植物新品种、传统知识、遗传资源以及民间文艺等。各个企业由于经营范围和发展路径不同，可能会在专利权、商标权、著作权、商业秘密等知识产权的类型偏好上存在差异，但对大多数企业而言，这四种知识产权类型知识的学习和应用是企业有效降低相关法律风险的“必修课”，更是企业产品破圈和品牌树立的“护城河”。

在当下这个时代，随着知识产权地位的日渐上升，企业构建健全的知识产权保护体系和风险防范的工作格局已是常态。我曾在民营企业正泰集团负责知识产权、法务工作达20年，在这20年里，我见证了知识产权在中国商业领域从被忽视到被重视的全过程，也见证了知识产权运用及制度建设在中国民营企业健全和完善的全过程。专业法务人员之于民营企业尤其是中小企业的重要性不容置疑，尤其是在当下这个知识经济时代。作为个人，尽管我们都知道触犯法律的商业行为会有怎样的后果，但在处理相关事务的过程中，我还是建议企业尽可能引入专业的法务人员，对于未受过专业法律训练的人们来说，毕竟许多细节上的法律问题处理起来着实艰难且令人摸不着头脑，让专业的人做专业的事才是最优选择。

企业知识产权保护是一项复杂的系统工程，不可能一蹴而就，就保护手段而言，也会涉及多个方面，比如注册登记、审查授权、行政执法、司法裁判、仲裁调解等，公司法务人员应把更多精力放在防范风险的发生上，而不是等风险发生之后，再去寻求法律保护。

我的技术我做主：正泰与施耐德的知识产权较量

为什么程序员总是那么吃香？或许是因为他们是技术型人才。对大多数企业尤其是科技型企业而言，创新技术是长远发展的基础，只有先把基础打好了，才能稳步建高楼。当今社会，专业技能几乎是一个人赖以生存的必要条件，可以被认为是其无须认证的“专利”招牌。

就如“专利”技能对于提升个人的竞争能力至关重要一样，对于企业而言，专项技术就是它踏入竞争市场的入场券。人才是企业的核心竞争力，企业由各类具备不同“自我专利”的人才组成，他们通过自己的智力创造会产生更多代表着企业核心竞争力的“专利产品”，技术的不断迭代还会让这些产品不断被列为重点保护对象。

但如何保护专利？

企业自主研发的技术和产品由合法的专利“金钟罩”保护起来，就可以拥有专利权[①]了。作为知识产权的一分子，专利权的侵权行为最令人忌惮，一旦出了差错，便会对企业造成致命打击。毕竟由技术而生产的产品是企业生存和发展的“命根子”。

说到用专利权维护企业正当权益的重要性，我策划并全程参与的、被誉

①专利权是指发明创造人或其权利受让人对特定的发明创造在一定期限内依法享有的独占实施权，是知识产权的一种。我国于1985年4月1日施行的《中华人民共和国专利法》第一条：为了保护专利权人的合法权益，鼓励发明创造，推动发明创造的应用，提高创新能力，促进科学技术进步和经济社会发展，制定本法。

为“中国专利侵权赔偿第一案”的法国施耐德专利侵权案最具代表性。案件源起于1994年，当时，法国工业先锋企业、位列世界500强企业的施耐德公司开始大规模进入中国市场，但在彼时的中国电器市场上，中国民营企业发展也很迅猛，正泰集团电器便是其中的佼佼者。在这样的背景下，双方自然免不了发生碰撞。

彼时的中国民营企业大都处在发展初期，对于国际上的一些竞争手段并不怎么熟悉。同当时大部分跨国公司的策略相似，施耐德进入中国市场想快速发展，一方面在中国设立企业，另一方面意图通过兼并收购中国同行业有影响力的企业进行跑马圈地。于是，正泰集团成了它的首选目标。1994年，施耐德在首次与正泰集团协商收购无果的情况下，便以专利诉讼为武器，在杭州中院对正泰集团提起专利诉讼，意图施压正泰集团以期与其达成合作。其间还以拜访参观制造工厂为由头，在参观正泰集团的过程中大量拍摄现场照片，为专利诉讼收集证据，而正泰集团方面对其真实目的却毫不知情。1998年，施耐德又对正泰集团提出控股51%的条件寻求合作，在再次遭到正泰集团的断然拒绝后，施耐德再次拿起了专利武器，在北京再次起诉正泰集团产品侵犯其专利权。2004年，在向正泰集团提出更为优惠的收购条件而又一次遭到正泰集团拒绝后，施耐德方面在中国国内专利诉讼还未了结的情况下，在欧洲各国连续发起了对正泰集团的15项专利侵权诉讼，同时申请对正泰集团产品的临时禁令。兵临城下，正泰集团在发展受到严重威胁的情况下，不得不接招应战。

作为与施耐德专利诉讼的负责人，在面对反击策略一筹莫展时，此前我所负责的、利用专利诉讼维权成功的“美文案”给了我启示。

“美文案”发生于2005年，系正泰集团离职员工生产正泰集团同类电器产品销往欧洲，却并未使用正泰集团的商标。遇到这样的情况，利用惯用的打击假冒的手段不可行。为清理市场，我不得不尝试用专利进行维权。最终，该项专利诉讼获得了成功。在面对施耐德以专利为手段的步步紧逼时，曾经成功的“美文案”让我找到了一个反击的武器。

在起诉方案得到公司董事会同意后，我开始负责该案的具体实施工作。经过一系列证据准备工作，2006年6月，正泰集团以施耐德电器（天津）有限公司侵犯正泰集团实用新型专利权为由，将其诉至温州市中级人民法院，要求施耐德电器（天津）有限公司立即停止生产被指控的侵权产品，连带赔偿损失50万元人民币。让人意外的是，在证据保全后，经审计发现并证实，施耐德涉案产品销售额高达8.8亿元人民币，获利达3.3亿元人民币之多，为非法所得。于是，我方及时将索赔额调整到了3.3亿元人民币。由于有“美文案”的前期基础，因此该案后期进展也较为顺利，一审判决中，施耐德方面侵权行为成立，被判决停止生产侵权产品，并依法进行赔偿。

同年，施耐德在欧洲发起的专利诉讼也屡屡失败。巴黎高等法院以滥用程序判决施耐德申请的销售禁令无效，德国联邦专利法庭宣布施耐德的产品专利无效。在此阶段，正泰集团方面可谓胜果累累。针对中国国内一审判决，施耐德方面不服决定上诉，2009年4月，双方经过轮番角逐，最终在二审开庭前以施耐德向正泰集团交付1.575亿元人民币的赔偿金达成全球和解，给这场纠缠了15年的斗争画上了句号。

可能会有人产生疑惑，为什么这个普通的专利侵权案件会有如此大的影响力，仅仅因为争议双方实力悬殊吗？并非如此。

回看那个年代，在面对国外企业的强力冲击时，中国企业总有些低人一头的自卑感，就算碰上了侵权官司，也想当然地认为是国内企业侵权国外企业。这精彩的一案胜诉后，国内企业家逐渐开始觉醒，认识到“国货”并不比舶来品差，我们要有文化自信。不管是在企业层面还是在国家层面，这个案件的最终结果都有重要的影响和意义。

此案结束后不久，国家在战略层面对知识产权的相关法律进行了完善和修订，而近几年剧增的专利申请数量也意味着我国正在从“中国制造”向“中国智造”转型。与此同时，专利产品的非法获利在考虑其他专利的获利情况下，法定最高赔偿金额被提升至500万元人民币。专利的相对新颖性判定也发展到了绝对新颖性判定。

正泰集团的让步和施耐德的妥协都是不希望两败俱伤的局面出现。事已至此，握手言和才能不继续浪费大量人力、物力、财力。良性的竞争才是企业发展的最佳出路。

从这个案例中，我们可以体会到专利权的重要性，但专利权到底是什么呢？专利权是指发明、创造新技术或产品的发明人所拥有的所有权。专利权人可以排他性地在我国使用已经被授权的专利中所体现的技术方案，没有经过专利权人的许可，任何人不能制造、使用、许诺销售、销售、进口该专利产品。

专利又分为发明专利、实用新型专利和外观设计专利三种。发明是指为了改进产品或者方法所提出的新技术方案；实用新型是指对产品的形状、构造或者结合品所提出的实用性新技术方案；外观设计是指对产品的形状、图案或者结合品以及色彩与形状、图案的结合所做出的富有美感并适用于工业应用的新设计。

不过，专利技术方案被批准授权并非易事，该技术方案必须具有新颖性、创造性和实用性，即这个发明创造并非现有技术，也从未有任何单位或个人以同类发明在申请日以前向相关部门提出过申请，并记载在申请日以后公布的专利文件中；与现有技术相比，该发明具有突出的实质性特点和显著的进步，且能制造或使用，能产生积极的效果。

专利申请的技术方案一旦通过国家知识产权局的审查，所申请专利便可以享受《中华人民共和国专利法》[①]（以下简称“《专利法》”）的保护。发明专利经过实质审查程序后才会被正式授权，实用新型专利和外观设计专利则会在形式审查后直接被授权，无须再经过实质审查程序。发明专利的保护期限为20年，实用新型专利和外观设计专利的保护期限为10年。过了保护期后，专利权人不能续期，专利权中的技术方案会自动进入公有领域，任何人都可以自由使用。

值得注意的是，专利的申请权和专利权通常归属于完成发明创造的设计人。但如果设计人利用工作单位的物质技术条件完成发明创造，或是在执行单位下达的发明任务，则专利申请权和专利权归属于单位。执行单位任务而完成的发明创造，归属必须为单位，单位与发明人不能再度约定权属；而主要利用单位物质技术条件完成的发明创造，可由单位与发明人约定权属。

以正泰集团举例。若产品经理是因为接到了企业下达的生产任务而开发的专利，专利权归属于正泰集团；若产品经理主要利用正泰集团的成熟技术创造了新型产品，如果不是职务发明，则可以由该产品经理和正泰集团约定专利权归属于谁。

被授权的专利还得时时接受大众的考验。只要有人认为该项专利有不符合《专利法》所规定要求的地方，比如技术方案违背法律、社会公德和公共利益，不具备新颖性、创造性和实用性，公开不充分，权利要求得不到说明书支持等，都可以向专利复审委员会请求宣告授权专利无效。

在这样的背景下，企业管理者必须规划专利发展策略及保护战略，在新品研发阶段就要做好全面的保密工作，研发项目的核心技术只掌握在少数人手中，同时约定研发人员的本职工作内容，避免发生职务发明和非职务发明的争议，并和相关人员签订项目保密责任书。

①《中华人民共和国专利法》于1984年3月12日由第六届全国人民代表大会常务委员会第四次会议通过，自1985年4月1日起施行。

此外，还要积极开展专利调查。由于当前的创造发明大多属于改进型发明，因此必须提前对将采用的重点技术方案进行专利检索、风险筛查及评估，建立相关数据库，规避存在风险的技术方案，千万不能存有侥幸心理。

企业的核心技术，尤其是某个领域取得重大创新成果的商业技术方案，基于专利法的先申请原则，一定要抢先申请专利，保护核心技术。获得专利权后及时公开，防止他人采用外围专利战略影响企业的发展。当然，如有必要，企业可以视发展情况购买对手的专利为己所用，这在一定程度上可以避免对手后续对不断改进的产品提出侵权诉讼。

最重要的一点是，如果企业的专利权被侵犯了，一定要积极运用法律手段维护好自身权益，搭建专业的法务团队，及时收集相关证据，若双方协商不成，可向有关部门提起专利侵权诉讼。

康师傅与康帅傅：商标权内容须知

当消费者不经意间买到类似“康帅傅”“娃啥啥”这样的山寨产品时，在啼笑皆非的同时，其实不太会就此主动维权，认为不过几块钱的消费，不值得浪费时间和精力。或许消费者会觉得品牌命名貌似“与我无关”，但正版的康师傅和娃哈哈肯定不会这么想，而是会极力网罗一切证据出手维权，这也是近年来市场上类似的山寨产品越来越少的主要原因。

其实此类山寨产品恶意“碰瓷”知名商标的目的不难理解，主要是为了蹭热度，借知名品牌的市场影响力牟取不正当利益。毕竟太过相似的商标和包装真的可以骗过不少消费者。快消品是重灾区，因为这类产品生产成本相对较低，日销售量也相对可观，“碰瓷者”能在短时间内快速“薅一批羊毛”。

在国际商业领域以商标权为打压手段或牟利手段的市场竞争早已被一些不法分子运用得十分娴熟。当然，也不排除部分别有用心的人投机取巧，利用商标权进行讹诈。有些国家的法律规定，只要有人注册了商标，不论是谁注册的，都会依法对其进行保护。有些国家的商标以使用为前提和目的，只有使用了，才具有法律的保护效应。

在恶意竞争的商业手段面前，企业能做的只有提前预备规避策略，否则等真正遇到事情时，便无力回天了。这也是公司法务部门的重要作用。公司法务部门必须具备前瞻性，尤其是有涉外业务的企业，一旦业务越做越大，便会被各种无良机构死死盯上，恶意利用他国法律正当程序“碰瓷”企业。

我在负责正泰集团知识产权期间，尽管商标的国际注册具有很强的前瞻性，但由于当时商标国际注册的复杂性，每个国家商标法律规定不一样，网络信息也不像现在这么发达，商标被抢注的情况时有发生。有些抢注是大公司出于战略目的，有些是想搭便车，有些则根本是出于经济目的。如在印度尼西亚，由于该国注册商标保护期限与大部分国家不太一致，因此正泰集团在商标续展期间就遇到了当地一名华人的恶意抢注。不仅正泰集团暗遭毒手，相对有知名度的中国品牌无一幸免地都被这位华人在印度尼西亚恶意抢注了。抢注者并没有实际使用恶意抢注的正泰商标，而是有意高价出售正泰集团在印度尼西亚的商标权。针对恶意抢注者，我方发送了一份律师函，同时积极收集申请撤销该商标的证据，如正泰集团商标CHINT在全球的注册情况、广告宣传情况、营销情况、荣誉证书、使用证据等，以此来证明正泰集团的国际知名度。

通过对案件的持续跟进，被抢注的商标在印度尼西亚被成功撤销，消除了这一障碍后，正泰集团再度申请的CHINT商标获准注册。当然，抢注案推进到这里，还不能算完全结束，还需要密切“监控”抢注者的下一步行动，以及审查其他国家或地区是否存在抢注的情况。对于商标相关权益的维护，企业下手必须快准狠。

其实商标权很好理解，它可以简单概述为涵盖企业名称、Logo等只代表该企业、专属于该企业的所有权，商标主要由文字、图形、字母、数字、三维标志、颜色组合和声音等要素构成。企业注册商标后，有权在核定使用的商品种类中使用它所注册的一个或多个商标。同时，企业也有权禁止他人在相同或类似种类的商品或服务上使用与这个注册商标相同或相近的商标。

只有通过向商标行政部门提出注册申请，并成功获得授权的商标，才可以享受《中华人民共和国商标法》[①]（以下简称“《商标法》”）的全面保护。对于没有注册的商标，我国的《商标法》仅提供极为有限的保护。企业申请商标注册后，商标局会在9个月内完成对申请材料的审查，进行初步公告，在公告期3个月内没有异议的，即被核准注册。被核准注册的商标，保护期为10年，到期后可以申请续展，续展后的商标保护期仍为10年，且续展次数不受限制。

注册的商标必须具有显著性，使用者可以通过这个商标把自己提供的商品和其他人提供的商品或服务区分开来。《商标法》规定，不具备显著性的商标是那些仅有商品的通用名称、图形、型号，仅直接表示商品的质量、主要原料、功能、用途、重量、数量及其他特点，或其他缺乏显著特征的标志。如果申请注册的商标仅有商品自身性质产生的形状、为获得技术效果而需要具备的商品形状，或者使商品具有实质性价值的形状，便无法获得批准。

已经被核准注册的商标，如果由于权利人连续3年不使用，商标本身缺乏显著性或在后续的使用中丧失显著性，存在侵犯公共利益或他人权益的情形，任何人可向商标局或商标评审委员会申请撤销或宣告注册商标无效。

在商标权这场摆到明面上的战争中，相较于国外，国内商标侵权案更多地伴随着的是不正当竞争。

2006年4月，北京正泰亚明照明科技有限公司因商标的不当使用，构成对正泰集团的不正当竞争行为。正泰集团于1994年已将“正泰”商标注册在第9类商品上，核定使用的商品包括低压电器及

①《中华人民共和国商标法》分总则，商标注册的申请，商标注册的审查和核准，注册商标的续展、变更、转让和使用许可，注册商标的无效宣告，商标使用的管理，注册商标专用权的保护，附则73条，经1982年8月23日五届全国人大常委会第二十四次会议通过。

元件。1997年，正泰集团又将“正泰”商标注册在第11类商品上，核定使用的商品包括照明灯。自企业成立以来，正泰集团长期使用这个商标并进行广泛宣传，使得该商标已经具有较高的知名度和影响力，并在1999年被国家工商行政管理局商标局认定为驰名商标。

而北京正泰亚明照明科技有限公司在生产、销售的灯具和官方网站上使用的“正泰亚明”商标标识与正泰集团注册的商标近似，涉嫌侵犯了正泰集团的注册商标专用权。除此之外，北京正泰亚明照明科技有限公司的企业字号包括“正泰”字样，与正泰的注册商标相同，这些行为被认定为不正当竞争。经法院宣判，北京正泰亚明照明科技有限公司在从事与正泰集团第950947号“正泰”注册商标核定使用的相同或类似商品经营活动中，停止使用含“正泰”字样的企业名称，并赔偿正泰集团经济损失12万元人民币。

2014年8月，四川正泰电力电器成套有限公司构成对正泰集团的不正当竞争行为，法院判令其停止在企业名称中使用“正泰”字样，停止在生产经营场所、产品包装及样本上使用“四川正泰”和“正泰”字样，并赔偿正泰集团经济损失20万元人民币。

2016年10月，贵州正泰电缆有限公司也构成了对正泰集团的不正当竞争行为，经过双方的民事调解，“贵州正泰电缆有限公司”名称立即进行变更，变更后不得含有“正泰”字样，同时赔偿正泰集团经济损失3万元人民币。

2019年6月，江苏正泰同样构成了对正泰集团的不正当竞争行为，法院判令其停止使用并注销“江苏正泰.com”域名，停止生产、销售“江苏正泰”的侵权产品，并赔偿正泰集团经济损失50万元人民币。

上述四个商标侵权及不正当竞争案例都涉及在企业名称及产品标识标注上意图“搭便车”的行为。商标不仅宣示着企业的品牌价值，更承载着企业的商业信誉、文化理念和发展战略，直接体现着企业的软实力。和专利权被侵犯对企业造成的严重影响一样，若在商标权的维护上大意了，企业可能会蒙受极大的经济损失。企业管理者必须高度重视企业的商标注册情况，配备专业的法务人员，维护商标所代表的市场信誉及经济价值。

首先，企业需要把保护商标权提升到品牌战略层面，积极申请注册商标，避免因为抢注产生的侵权纠纷，且十分有必要将企业的核心产品和服务也进行商标注册，拓展企业的发展空间。

其次，商标是十分重要的无形资产，需要收集和保存好相关的基本资料，如能在个案上被作为驰名商标保护，就能在更大程度上获得法律的保护和支持，这就需要认真评估商标的市场价值。

最后，一定要密切跟进商标的注册动态，掌握市场上相同或类似产品的标识，不仅要防止他人侵犯自己的商标权，也要避免自己侵犯他人的商标权。

琼瑶与于正之争：著作权的内容

在影视圈，“抄袭”这个关键词一旦被提及，便会瞬间形成话题冲上热搜，引发一众网民热议。2014年，知名作家琼瑶在微博上实名举报编剧于正的代表作《宫锁连城》多处剧情抄袭其作品《梅花烙》。年事已高的琼瑶亲自发声维权，让这个著作权侵权案备受网友关注。

2014年4月28日，琼瑶方面正式起诉于正侵犯了其著作权，同时诉请对《宫锁连城》的播出单位湖南卫视一同追究责任。同年12月，北京市第三中级人民法院宣判此案，判决《宫锁连城》侵犯《梅花烙》的改编权，于正被要求向琼瑶公开赔礼道歉，五家被告则要赔偿琼瑶共计500万元人民币。判决生效之后，于正的道歉一直到2020年12月31日才向大众公布。巧合的是，就在同一天，作家郭敬明就其代表作《梦里花落知多少》抄袭庄羽的《圈里圈外》一事也进行了正式道歉。

著作权[①]的含义非常好理解，是指创作者对其创作的作品依法享有的人身权和财产权，同时可以排除他人未经许可使用。如琼瑶的《还珠格格》系列、郭敬明的《小时代》系列都是其原创作品，琼瑶和郭敬明依法享有这些作品的人身权和财产权。《中华人民共和国著作权法》[②]（以下简称“《著作权法》”）保护的对象主要为作品，著作的人身权包括发表权、署名权、修

①著作权，又称版权。版权最初的含义是复制权（copyright）。由于过去印刷术不普及，当时社会认为，附随于著作的最重要的权利莫过于将之印刷出版的权利，故有此称呼。

②《中华人民共和国著作权法》于1990年9月7日由第七届全国人民代表大会常务委员会第十五次会议通过。《中华人民共和国著作权法》第一条：为保护文学、艺术和科学作品作者的著作权，以及与著作权有关的权益，鼓励有益于社会主义精神文明、物质文明建设的作品的创作和传播，促进社会主义文化和科学事业的发展与繁荣，根据宪法制定本法。

改权和保护作品完整权；著作的财产权包括复制权、发行权、出租权、表演权、信息网络传播权、改编权、翻译权等。

作品的著作权人一般为创作作品的作者。若著作权人为自然人，作品的保护期限为作者生前及其死后50年；若著作权人为企业法人或其他组织，保护期限为50年。

如果某作品是因完成企业下达的创作任务，且主要利用企业的物质技术条件进行创作，并由企业承担责任，虽然创作人为该企业的员工，但该类作品的著作权由企业享有。比如歌手的原创歌曲，很多时候著作权是属于公司的，不属于歌手自己。台湾知名乐团苏打绿的主唱吴青峰就曾因歌曲版权与原经纪公司的纠纷问题，不能在舞台上演唱自己的任何一首原创作品。

在日常工作中，最令媒体从业者头疼的事情莫过于字体侵权和图片侵权了。早前国内访问量最大的图片网站视觉中国被有关部门勒令下线整改，删除图库中涉及其他品牌商标、产品的图片，并对图片的上线审核做进一步完善，这就源自版权归属问题。在视觉中国状告各大企业和媒体图片使用侵权时，它自身也因诸多品牌的摄影照片版权归属问题而被推至风口浪尖。

在这其中，视觉中国的一个盈利圈套长期被人们诟病，即以律师函作为威胁手段，与“侵权”企业谈图片包年服务合作，以年度会员的合作方式进行所谓的消除侵权行为影响。误用了视觉中国网站照片的企业大多因此签下了多年的合作服务包。当然，也有不少企业出于业务需求，需要使用视觉中国的高质量照片，因此会主动找上门寻求合作。

而对科创等含高新技术的企业来说，软件侵权的出镜率则更高一些，各大企业的法务部门没少为此类事件发愁。

在我们的传统认知中，计算机软件可能不属于作品范畴，更难设想会存在侵权，但事实上，它是受我国法律保护的作品。所谓作品，可以定义为是在文学、艺术和科学领域里，具有独创性并能以有形的形式复制的智力成果。它的类型通常有文字作品、音乐作品、摄影作品、电影作品、美术作品、建筑作品和计算机软件等。例如，王菲的《红豆》、齐白石的《墨虾》，甚至坐落于北京朝阳区的望京SOHO大厦都可以被称为作品。对于达不到作品独创性高度的其他特定类型，如图书的版式设计、表演、录音、录像等，《著作权法》还提供了邻接权的保护。

关于计算机软件的著作权侵权，我关注过一个非常有代表性的案件。

《王者之剑》是蓝港在线（北京）科技有限公司开发及运营的一款手机游戏，该企业的一名前员工曾参与游戏的研发，该员工离职后，在新就职的企业（九合天下）研发推出了一款叫作《巨龙之怒》的游戏，他复制并修改了《王者之剑》游戏软件的源代码，生成目标代码作为客户端程序进行公开的网络传播。

蓝港在线发现之后，将这位离职员工及其新就职企业以著作权侵权为案由，起诉至法院。经过法院比对，对于游戏《巨龙之怒》与《王者之剑》的代码，绝大部分的变量名称、函数名称及类目名称相同，两款游戏的软件相似度高达90%，且《巨龙之怒》中的执行程序包含多处属于《王者之剑》的隐藏文件、代码。

北京市第二中级人民法院对该案件审理后认为，蓝港在线是游戏《王者之剑》软件的著作权人，基于该项目耗时近2年，投入研发成本、运营成本等共计约1059万元人民币，且该游戏获得了多项奖励，在各大运营平台中的点击量及关注度名列前茅，其计算机软件作品享有的著作权应受我国法律的保护。

从软件发表的时间来看，蓝港在线《王者之剑》的软件首次发表时间为2012年6月，早于《巨龙之怒》的完成时间（2013年2

月）。经法院鉴定与比对，两款游戏的部分源程序存在切实对应关系，同时被告方面未能就此大量相同之处给出合理解释，结合该离职员工曾为蓝港在线公司的软件技术人员，接触过游戏《王者之剑》的代码，可以认定，被告在编写《巨龙之怒》这一软件时，将《王者之剑》的软件内容作为自己的内容，并以自己的名义将其发表，构成对原告蓝港在线公司计算机软件的抄袭，以及对其著作权的侵犯，应承担停止侵权、赔礼道歉、赔偿损失的民事责任。

最终，法院判决被告立即停止复制、修改、发行及传播侵犯原告著作权的软件，并在官方网站刊登声明消除影响，同时赔偿原告蓝港在线经济损失40万元人民币，以及诉讼合理支出费用5万元人民币。

在这个案件中，其实原告蓝港在线有两个被告人，被告一是游戏《巨龙之怒》的发行方九合天下，被告二是曾任职于蓝港在线的离职技术人员。但由于有多名蓝港在线的前技术人员均已加入九合天下公司从事软件研发工作，现有证据无法直接证实被告二实施了抄袭行为，因此原告关于被告二的侵权诉求并未得到法院的支持。

与专利权和商标权不同的是，著作权的获取不要求向有关行政机关进行登记，无须经过行政部门的审查和授权，《著作权法》对作者完成的作品自动提供保护。对于不同单位或个人独立创作出的相同作品，则各自分别享有著作权，互不构成侵权行为。但是，著作权登记证书具有推定权属的效力，除非他人另行举证，证明该作品的真实权利归属。

在各种著作权侵权行为已经见怪不怪的网络环境下，但凡稍微有点知名度的企业，都会时不时收到几封律师函警告。此类律师函中常见的有字体侵权、图片侵权、软件侵权等警告。

且不说商业宣传中可能存在的字体侵权情况，若单说著作权侵权，我们日常使用的文字可能都对《汉语字典》的版权构成了侵权行为。当然了，这只是说笑而已，但我想强调的是，对企业来说，著作权侵权的边界相对模糊，在法律层面上也很难给版权完整地下定义，企业方面能做的是和专业的法务人员一起提前防范类似问题的发生。

不能说的秘密：商业秘密的重要性

对一部分人而言，“不能说的秘密”可能是周杰伦的“最美的不是下雨天，是曾与你躲过雨的屋檐”，也可能是在微信、QQ、微博等一系列社交软件上分享过的“心事”，或者是不敢当众言说的吐槽和抱怨。

不论什么样的秘密，如果被他人泄露或公开，尤其是自己曾经信任过的人，那么难免会产生被背叛的感觉，让人心生寒意。而由此引发的矛盾和冲突或许不是简单的民事调解就能解决的，甚至有可能上升为刑事案件，化干戈为玉帛几乎无望。

对于企业而言，很多时候，秘密也是一张“生死两面”的牌。它有可能是一项机密技术，也有可能是一款新产品，抑或一套不为人知的工作流程。

为了维持自己在市场上的竞争优势，企业会大力增加研发投入，持续不断地更新迭代产品和技术，高度重视知识产权相关问题，但并不是所有研发成果都必须通过申请专利来进行保护。实际上，由于专利保护在全球都有一定的保护期限作为限制，因此对于很多核心技术，企业往往更倾向于选择以商业秘密①的方式进行保护，以期获得更为持久的市场竞争力。

例如，可口可乐的配方、云南白药的配方等这些在市场上有竞争力的产品的核心技术，通常都是由其所属企业以商业秘密的方式加以保护的。云南白药公布的成分中，显示“国家保密方，本品含草乌（制），其余成分略”。在这里，云南白药的配方就成了云南白药“不能说的秘密”。

①《中华人民共和国反不正当竞争法》第九条：本法所称的商业秘密，是指不为公众所知悉、具有商业价值并经权利人采取相应保密措施的技术信息、经营信息等商业信息。

商业秘密说起来很简单，它是指不为公众所知悉、能为权利人带来经济利益、具有实用性并经权利人采取保密措施的技术信息和经营信息。也就是说，受法律保护的商业秘密应当包括四个要件，即不为公众所知悉、能为权利人带来经济利益、具有实用性、经权利人采取保密措施。

企业要想长远发展，必须通过商务合作和商业售卖进行吸金，这样便无法避免最容易流失的“商业秘密”——客户名单，转身就跑到竞争对手的手上。企业销售人员的价值在于他所掌握的商务人脉资源，那么他手上的客户名单是否属于他自身的资源呢？他基于公司资源所搭建的人脉资源是否属于公司的商业秘密范畴呢？

作为一家企业的员工，利用企业平台和资源开发的客户资源自然是属于企业的，这是不言自明的。在很多人看来，商业秘密侵权很难判定，但其实没有我们想象的那么难，商业秘密侵权可以用两个词简单地进行判定：一个是“相似”，另一个是“接触”。也就是说，其他企业的产品是否和自身企业存在高度相似，其他企业是否有相关人员接触了自身企业的核心商业秘密，如若二者兼具，那么便可以判定该企业的商业秘密被侵犯了。如果企业的核心客户名单是长期的经营收入来源，被企业纳入了商业秘密保护行列，那么就可以认定构成了商业秘密侵权。

比如之前提到的《王者之剑》和《巨龙之怒》的纠纷就同时具备了“相似”和“接触”的条件。由此可见，对于涉及离职员工的知识产权侵权案件，企业一定要做好事先的防范工作，这远胜于事后采取追究措施。事后追究不仅会占用大量的精力和时间，还可能会严重影响企业的经济效益和作品声誉。即便成功对离职员工追究了侵权责任，但企业包括商业秘密在内的部分知识产权已经被竞争对手所知悉，导致企业在该产品或该服务领域的竞争优势减弱甚至丧失。

针对如何防止离职人员向下家企业泄露其之前从事研发等工作所知悉的

知识产权或核心技术，企业应当在重点员工在职时就开始注意规避风险，比如签订《保密协议》[①]或《竞业禁止协议》[②]，严格采取按需知密的措施对知识产权进行规范化管理，对企业自身的商业秘密采取合理的保密措施等，进一步强化企业自身对知识产权的整体管理。

虽然企业无法避免核心员工的流失，但还是可以在一定程度上预防商业资源流失的。一是让必须接触商业秘密推进业务的员工签订相关承诺保证书，二是在劳动关系方面学会“隔一道墙”。

这道墙，即避免“接触”的条件，不把相关人员放在核心机密部门，将其安排到其他间接接触的部门从事相关工作即可，如企业服务部门等。这样做，一则可以防止自身人才流失后造成的泄密，二则可以避开高科技人才引进时潜在的商业秘密侵权风险。在员工被告商业秘密侵权时，只要存在“相似”，企业也要承担连带责任，构成共同侵权行为。

商业秘密就像是一把双刃剑，它能保护你的技术和产品在最大程度上获得商业利益，也可能会被竞争对手见缝插针，在你大意的时候置你于死地。企业同样不能忽视商业秘密的保护手段和基于此可能深陷的泥沼。

商业秘密的范围通常包括技术信息和经营信息。技术信息涵盖在工业化生产中适用的技术情报、数据或知识，包括产品配方、工艺流程、技术秘诀、设计图纸（含草图）、试验数据和记录、计算机程序等；经营信息涵盖管理方法、产销策略、劳动报酬、财务信息、货源情报和客户名单等。

商业秘密的特点是具有秘密性、实用性、保密性和非排他性。

秘密性是指技术信息和经营信息在其所属的领域中，相关人员不容易普

---

①保密协议：是指协议当事人之间就一方告知另一方的书面或口头信息，约定不得向任何第三方披露该等信息的协议。负有保密义务的当事人违反协议约定，将保密信息披露给第三方，将要承担民事责任甚至刑事责任。

②竞业禁止协议：是指根据法律规定或用人单位通过劳动合同和保密协议或竞业禁止协议约定，禁止劳动者在本单位任职期间同时兼职于与其所在单位有业务竞争的单位，或禁止他们在原单位离职后一段时间内从业于与原单位有业务竞争的单位，包括劳动者自行创建的与原单位业务范围相同的企业。

遍知悉和获得。从公开渠道可以获得的或所属领域的一般常识和行业惯例等信息均不具有秘密性。秘密性是商业秘密的核心特点，也是它与专利等其他知识产权最显著的区别。商业秘密主要以秘密的状态维护经济价值，其他知识产权的秘密性并非必要，比如专利必须通过公开的方式获得一定期限的独占权利。只要商业秘密未公开，就可以一直享受保护，没有固定期限限制。而一旦被公开，则丧失了秘密性，不能再作为商业秘密享受保护权益。

实用性是指有关信息具有现实的或潜在的商业价值，不以现实的价值为限，能为权利人获得竞争优势，取得经济收益。在一定条件下，失败的实验数据也可以构成商业秘密。

保密性即权利人为防止信息泄露而采取与其商业价值等具体情况相适应的合理保护措施，包括订立保密协议、建立保密制度及采用其他合理的保密手段，使其他人不易从公开渠道直接获取。它强调的是权利人对此进行的保密行为或采取的保密措施，并非保密的结果。只有权利人采取了能够明示保密意图的措施，才能在法律意义上称之为商业秘密。

不同于专利和注册商标，商业秘密是一项相对的权利，具有非排他性，可以被多个权利主体同时拥有和使用。此外，他人通过反向工程等方式获得的商业秘密亦不构成侵犯商业秘密行为。反向工程是指通过技术手段对从公开渠道取得的产品进行拆卸、测绘、分析，从而获得该产品的有关技术信息，他们和第一个人拥有同样的地位。商业秘密的拥有者不能阻止在他之前和之后开发掌握相关秘密信息的人使用、转让相关信息。

与著作权相类似，商业秘密不需要进行注册和登记即可受到法律保护。对于不同主体所独立开发研制出的相同商业秘密，他们可各自分别享有权利，各自的使用情况亦不会构成相互侵犯商业秘密的行为。正是由于商业秘密界定的复杂性，实际操作中极易触及法律问题，企业在考虑是用专利还是用商业秘密来保护自己的权益时，就必须了解专利和商业秘密的不同特点，也有必要在考虑保护方案时引入专业的法务人员，这才是最省成本也最妥帖的选择。

综上所述，企业能说的秘密很多，但商业秘密一定不能说。

企业知识产权风险识别和应对

在消费者的朴素思维中，企业的产品是重中之重，产品的质量和它所带来的消费体验是他们愿意持续付费的重要考量标准。而产品名声大噪后所引发的“商业妒忌”会将企业置身摇摇欲坠的船上去迎接风浪，使得企业随时可能遭遇不测。

企业知识产权管理与企业生产经营管理息息相关，作为企业依法治理的一项重要内容，企业知识产权管理贯穿企业生产经营管理的各个方面。在当下的商业竞争环境中，企业拥有自主知识产权的技术和产品，是稳固其市场竞争地位的核心保障。而从宏观战略层面来看，将企业的知识产权管理纳入企业日常经济管理和技术管理之中，有利于在企业层面摆脱知识产权与经济、科技脱节的窘境，也可以全面发挥知识产权管理在企业经营发展过程中的重要作用。

通过前文对知识产权种类和相关内容的介绍，不难发现不同的知识产权类型在权利内容、保护方式和保护期限等诸多方面存在差异。在知识产权风险防范中，企业不能只在特定情形下单独对某一类型的风险进行防范，还需要对不同类型的风险进行通盘考量，切勿一概而论地去操作，在个案中需要视具体情况进行具体分析。

在这里，我以多年公司法务从业人员的经验，给大家提出一些企业知识产权风险管理的建议。

首先，在产品研发之前，对相关产品的知识产权进行大量检索分析，排除后续研发过程中的侵权风险。

在确定围绕某项技术开展研发之前，企业需通过地毯式检索，找出相关竞争对手围绕该技术已经申请或正在申请的技术和专利、产品。该步骤不仅可以明晰竞争对手的研发现状和趋势，还可以有效避开竞争对手早已布局的专利技术雷区，及时转向新兴领域探索，避免重复研发。

在确认研发方向并已进入实质性研发阶段之后，企业要开始选择适宜的知识产权种类，对已有的研发成果予以保护。若目标技术具有较高的价值和开发难度，极难被业内对手攻克和模仿，则可以采取商业秘密的方式进行技术保护，麻痹竞争对手；若技术难度水平一般，竞争对手可以在较短时间内研发出同类成果，则可以考虑选择用专利技术来保护研发成果。

专利必须尽早申请，及时独占该技术之后，即便竞争对手开发出了同类成果，对方也无法使用，这便直接抢占了商业先机。这里我们需要注意的是，如果竞争对手的市场范围包括其他国家或地区，企业则应同时将研发成果尽快在市场所在国家或地区申请专利，防止这项技术遭到恶意注册。

还需要特别说明的是，有些研发成果需要使用不同类型的知识产权进行交叉保护，比如计算机软件就需要进行交叉保护，由于计算机软件的保护会同时涉及专利权和著作权两种类型的保护，因此在申请相关专利之后，还应同时就软件本身提交著作权登记，证明开发完成的时间和推定企业就源代码享有独占著作权。

其次，企业层面需要以签订保密协议的先期控制方式，避免离职员工“顺手牵羊”拿走企业的研发成果。

在与员工签订聘用合同时，企业要在合同款项中就员工在履行本职工作过程中所创造的知识产权权属做出约定，明确工作成果归属于企业。员工入职之后还要定期培训，告知员工企业的保密政策、知识产权归属原则以及所采取的相应保密措施等，让员工清晰地了解其履行保密义务的范围。针对企业的商业秘密，建议采取“按需知密”的政策，根据不同员工的职能设置相应的权限，界定相关员工需要知悉的内容和范围。

此外，一定要记得与员工签订《保密协议》，条款中要体现出其在离职之后也应当遵守协议中的相关条款，对在工作期间知悉的商业秘密持续负有保密义务。同时，还可以通过签订《竞业禁止协议》的方式，在一定时限和地域范围内限制离职员工去往竞争对手处工作，进一步避免企业的商业秘密被泄露。需要注意的是，根据《中华人民共和国劳动合同法》①（以下简称“《劳动合同法》”）的相关规定，《竞业禁止协议》的限制期限不得超过2年。

再次，在实际经营过程中，企业经常会与合作伙伴进行共同研发，对于研发成果的归属，需要在事前做出明确的书面约定。

在开展共同研发之前，企业需要以书面的形式与合作方就研发成果的最终归属问题进行约定。研发成果归属条款一定要涉及争议发生之后的一些约定，双方在发生争议之后通常难以继续合作，甚至会解除或终止合同，此时便要就已研发的成果归属做出约定。

与保密条款在合同解除或终止后继续有效一样，对于双方合同终止或解除后权属条款继续有效的约定，法律同样承认。在主合同之外，还有可能因为合作的复杂性而另行签订补充协议，或单独就某项成果做出约定，这就还需要注意主合同与补充协议或单独约定的权属条款之间是否存在抵触，以免产生歧义。

合作双方一般会对最终开发成果的权利进行约定，但对行使权利的方式不会做出明确约定，这是该类合作开发最容易产生争议的地方。根据《著作

①《中华人民共和国劳动合同法》是为了完善劳动合同制度，明确劳动合同双方当事人的权利和义务，保护劳动者的合法权益，构建和发展和谐稳定的劳动关系而制定的。由第十届全国人民代表大会常务委员会第二十八次会议于2007年6月29日通过，自2008年1月1日起施行。

权法》和《专利法》的相关规定，著作权或专利权为共有的，共有方均有权对合作作品或共有专利对外许可，许可所产生的收益应在共有人之间分配，但不得未经共有人同意擅自转让。这里有个要点需要我们格外注意，那就是《专利法》规定将共有人对外许可的方式限制为普通许可，而《著作权法》却并未做出相关限定，在现实生活中可能会出现一方共有人将合作作品对外独占许可后，另一方共有人丧失了对外许可权利的情形。

在遇到合作研发成果由合作双方共有的情况时，企业应当就共有权的行使方式做出前期约定，并在合作方违约时，寻求合同法上的救济。

最后，我们应当重视知识产权风险的识别，尤其在当下这个知识经济时代，一定要在企业内部形成良性的正向激励循环生态。

从企业自身发展来看，风控部门和法务部门应当把知识产权相关事项的管理和风险防范工作放在首要位置，这事关企业基本面，在此过程中，企业管理层、研发部门以及运营部门须共同参与，共同实现知识产权的创造、保护、管理和运用。这个问题看似是知识产权风险管理层面的问题，事实上更是企业对其战略的具体实践。

知识产权风险识别是企业研发创新过程中最重要的一环，在研发过程的不同阶段，企业要结合自身实际情况及研发特点，在专业法务人员的有效建议下，有针对性地设置和实施不同的知识产权风险防范策略和保护机制，积累研发成果，进而将其转化为企业成长的内在动力。在知识产权成果完成商业化之后，便可以在企业层面反哺更多的研发活动，形成一个具备正向激励循环的生态。

CHAPTER 2

|第二章|

开业大吉：企业创立与公司治理结构

2018年11月，国务院国资委发布了《中央企业合规管理指引（试行）》，正式在央企层面全面推进合规管理工作，随后，地方国企也跟进了这项工作。国家对企业合规管理的重视程度由此可见一斑。

那么，什么是企业合规管理呢？从严格意义上来说，它是一种舶来品。我国最早在金融行业引入合规管理，源于金融行业的特殊性，相较于其他行业，金融行业面临繁杂又相对多的监管政策和规则，同时还有国际规则、惯例等，需要建立专门的管理体系予以应对。

这就牵涉到企业治理结构或法人治理结构等问题，它不但是一个全球性的话题，也是我国构筑市场经济体制、建立现代企业制度致力研究解决的课题，在证券监管领域，如何有效建立既符合国际标准又兼顾中国国情的上市公司治理结构，更是监管当局和业内人士重点关注的方面。能否建立起我国现代企业的治理结构，关系到我国企业的公司化改制是否能够全面成功，上市公司是否能够持续发展，也关系到中国企业参与国际竞争时应对市场风险的能力。

公司治理结构是所有者（股东）对公司的经营管理和绩效进行监督、激励、控制和协调的一整套制度安排，说的是企业资源配置的有效性。它反映和决定着一家公司的发展方向和业绩情况，以及与各参与方之间的关系。

一般的公司治理结构是由所有者、董事会和执行经理层等形成的一定的相互关系框架。按照国际惯例，规模越大的公司，其内部治理结构体系就越是由高层掌握，他们依据法律赋予的权利、责任和利益相互分工、相互制衡，在整个企业管理体系中起着关键作用。如何才能有效保障企业利益？如何才能完善企业内部关系？如何才能更有效地推动企业治理结构发展？这里面有一个非常重要的环节，就是要联通于法律。正所谓依法治国、依法治企，倘若企业的发展失去法律保障，那就等同于在大海上航行的孤舟，随时都可能遇到危险。

开张大吉：企业设立的常见问题

创业这件事说难很难，说不难也不难。当你发现市场上某个需求未被满足之后，无论你是决定针对市场需求供给产品或服务，还是决定无视这样的发现，都无可厚非，但只要你决定创办企业供给产品或服务去满足该市场需求，那么你便离不开“风险规避”这件事。

有数据显示，初创企业很少能够健康、平稳地活过3年，能跨过3年这道坎的企业仅不到10%。那些不幸夭折了的企业不是中途资金链断了，就是企业管理出了问题。要想长久存续下去，在创立之初，企业不仅要考虑后续经营的问题，还要设想其发展过程中可能会遇到的风险，并采取相应的措施或设立相应的制度，尽量规避这些法律风险。

一般情况下，公司设立的章程都有固定的模板，对于一些较为重要的条款，企业应结合自身的发展情况逐步将其纳入章程中，比如对外投资和担保条款、股东分红和认缴比例、股东会或董事会的特殊规定、临时股东会、股东与本公司的合同与交易等。将条款变成“企业制度”，在企业创立之初便要设想后续可能意想不到的后果。

创立一家企业还可能遇到哪些问题？大致有四大难题——“用人难”“资金难”“营销难”，以及最重要的“管理难”。企业创立之初制定的制度将会直接影响企业今后的管理风格和文化走向，并在一定程度上决定着企业的存亡。如果企业能够在创立之初便在制度上对一些风险点进行规避，那么后续发展遇到问题时就很容易处理了。

新创立的企业在初始运营过程中，管理大都较为混乱，人性化管理的成分比较大，但随着企业业务量的增长，这样的管理模式自然无法匹配迅速扩充的人员团队了，而且这里我们还未考虑共同创立人的出资情况。在企业做大之后，企业创始人之间争权夺利的事件不胜枚举。如果共同创立人之间出现权责不明的情况，企业又该何去何从？

在当下这个时代，传统的管理模式早已无法适配员工的心理机制，年轻人更喜欢追求“特立独行”的个体性，由此而产生的逆反心理让无数企业管理者头疼不已。管不住员工的企业很难凝聚力量推动企业业绩增长。对于企业自身发展而言，用清晰的流程和制度管人，规避可能发生的风险，是最符合其利益的策略。

不过，借鉴或移植成功企业的流程制度容易导致水土不服的现象发生，以企业所涉行业的市场动态和行业风险为依据，然后进行自我规划，才能在一定程度上预防企业运营管理风险，并针对“管理难”问题精准用药。

当然，这其中也有一些企业设立过程中常见的问题。除现行的《中华人民共和国公司法》[①]（以下简称“《公司法》”）、《中华人民共和国公司登记管理条例》[②]（以下简称“《公司登记管理条例》”）及其他相关法律法规就企业设立登记程序的详细规定外，我再重点阐述一下有限责任公司设立过程中常见的企业核名、出资金额及认缴时间、设立中公司的纠纷等问题。

从《公司法》及其相关的法律规定来看，有限责任公司规模较小、私密性高，是非公众性的、封闭性的法人，它的设立只能以发起设立为限，不能采用募集资金的方式。也就是说，每个股东以其自身所缴纳的出资额为限，

①《中华人民共和国公司法》是为了规范公司的组织和行为，保护公司、股东和债权人的合法权益，维护社会经济秩序，促进社会主义市场经济的发展而制定的法律。于1993年12月29日第八届全国人民代表大会常务委员会第五次会议通过。

②《中华人民共和国公司登记管理条例》是为了确认公司的企业法人资格，规范公司登记行为，依据《中华人民共和国公司法》制定的条例。

对公司承担有限责任，公司以全部资产对公司的债务承担全部责任，不能通过发行股票进行融资。

有限责任公司保护股东之间的信任关系是人合性与资合性的结合，运营相对灵活，设立和运作步骤较为简单，设立流程一般分为以下几步：（1）发起人发起并签订设立协议（如有多位投资人）；（2）订立公司章程；（3）申请名称预先核准；（4）办理公司设立前置审批；（5）申请设立登记；（6）登记发放营业执照；（7）刻制印章、开立银行账户等。

设立有限公司还应具备下列条件：股东符合法定人数（有限责任公司由50个以下股东出资设立）；有符合公司章程规定的全体股东认缴的出资金额；股东共同制定公司章程；有公司名称，建立符合有限责任公司要求的组织机构；有公司住所。

另外，企业设立不同于企业设立登记，也不同于公司成立。其实，企业设立是一种法律行为，是设立人取得企业法人资格或其他组织资格的一种事实状态，或者说是这个设立行为的法律后果。

在设立之前，企业一般会先取一个有寓意的好名字，但进行到企业核名流程的时候，能顺利通过的名字通常很少。完整的公司名称应包括行政区划、字号、行业特点、组织形式，需要注意的是，这四个部分的顺序不可打乱。

企业取名一般指的就是选取企业的字号，字号作为企业名称的核心组成要素之一，是审查的重点。但企业核名容易因重名核准的问题而耽误很多宝贵的时间，比较聪明和省时的做法是提前多准备几个合适的名字，假如不幸发生了重名的情况，还可以立即使用备选名字。

如果新注册的企业以简单的两个字来命名，那么重名的概率会非常高；若使用三个字及以上的字号，通过率会高一些。不过，字号也不宜过长，越长越不容易被消费者记住，更难以给消费者留下深刻印象，从而使其产生复购行为。在提交命名申请前，企业可以自行登录相关网站进行查询。例如，奔驰一款车型的命名——“戴姆勒梅赛德斯奔驰迈巴赫普尔曼S600”一度成了最长的车名，如果不是奔驰在业界名头响，这一命名会“劝退”99%的潜在消费者。品牌名“梅赛德斯奔驰”被简称为“奔驰”就很能说明问题。

虽然企业字号可以由企业自行选择，但仍有一些事项需要特别注意，有些词汇是不能作为字号使用的，比如阿拉伯数字、符号、字母、政党、社会团体、外国地区和国家名称以及其他有损国家和社会利益的词汇等。另外，国家市场监督管理总局在核名时也有规定和要求，如无区域表述的企业名称，企业的注册资本金必须达到5000万元人民币以上；无行业表述的企业名称，企业的注册资本金必须达到1亿元人民币以上，并且经营范围必须包含国民经济行业分类五大类以上等。

在认缴出资层面，《公司法》已有相关规定，设立有限责任公司应当有符合公司章程规定的全体股东认缴的出资金额；有限责任公司的章程应当明确股东的出资方式、出资金额和出资时间；股东应当按期足额缴纳公司章程中规定的各自所认缴的出资金额。如有股东不按照相关规定缴纳出资，除了应当向公司足额补充缴纳之外，还应当向已按期缴纳出资的股东承担违约责任。

这也就意味着公司注册资本的认缴期限由股东自主约定，法律不做相关的限制。但是，注册资本认缴期限并不是越长越好，因为后续这些重要的信息都会一一向社会公众进行公示，如果交易对象查询到公司的股东长期未向公司实际缴纳注册资本，会极大程度地降低公司的信用评价分值，导致消费者对公司失去信任，从而影响相关业务的进一步发展。

在认缴制下，并不是将认缴时间设为100年就高枕无忧了。市场监督管理局一般不对认缴期限加以限制，但如果公司规定了经营期限，认缴期限不宜超过经营期限。另外，如果注册资本金额太低，也会对公司的在营业务产生一定的影响。假如用100万元人民币的注册资本在热门行业匆忙开山，实际上连出资金额都没筹集够，还需要进行配资，这样就会造成大额负债，公司财务的款项安排也会因此遭受很大困扰。

而如果注册资本金额太高，不管认缴期限多长，最终都需要缴纳。同时，一旦公司出现关停并转的情况，市场监督管理局可能会要求企业加速到期，这对资金的周转速度要求很高，并且如果企业身负巨额债务，将来公司进行减资时，债权人的利益会严重受损。

企业出资的类型有货币和非货币两种，非货币包括实物、知识产权、科技成果、股权、债权等。自然人姓名、商誉、劳务、信用、特许经营权、设定担保的财产等，不能作为出资的财产。债权可以用来出资，但必须是中国境内的债权，同时必须是人民法院判决或裁定的债权，私人自然债务不能作为有效出资，股东可以对出资后的债权能否有效收回进行综合评估。

在公司正式成立前，如果发起人以拟设立公司的名义进行交易，则可能产生没有被代理人的无权代理风险。我国《公司登记管理条例》规定，未经公司登记机关核准登记的，不得以公司的名义从事经营活动。在公司核准登记之前，公司的发起人可能以公司的名义进行了一系列经济活动和交易行为，若后来公司由于各种客观原因不能设立，则发起人的行为有可能产生相应的交易纠纷。处在设立过程中的企业尤其要注意这个问题。

将上述几个企业设立过程中的重点问题解决后，就要开始注重管理层面的企业风险了。而合理利用公司法务来规范企业的管理职能可以起到事前防范风险的重要作用。例如，给予公司法务一定的管理权限，让其参与公司的治理，修订企业章程，审核规范性文件及企业对外法律文件，全权负责所有合同的审核和管理工作；参与重大项目，为企业重大决策性事务提供咨询及法律意见，包括项目前期的尽职调查；参与各业务流程的制定，审查业务流程是否符合公司的治理规范，是否存在风险漏洞；对公司员工及管理层开展法律培训，为各部门日常工作中遇到的法律问题提供咨询，同时参与违纪案件调查。

不管是从企业风险规避层面来看，还是从企业持续经营层面来看，公司法务都必须是企业在设立之初就要考虑的组织架构。然而，现实情况往往是初创的中小企业并没有足够的资金配备专门的法务部门，这时，可以通过长期签约合作的方式咨询外部的专业法务人员，这样做不仅可以达到预防和化解企业法律风险的目的，还节省了人员开支。但是，企业发展壮大之后，必须配置独立的法务部门，企业创始人一定要具备这样的先决意识。

在具有良好职业道德和职业操守的法务人员的指引下，企业可以守住法律的红线，保证企业的合法经营，同时能给予企业及企业负责人最大的保护。当然，规避企业法律风险不仅是公司法务个人的职责，相关企业制度要有效运行，取得良好的实施效果，还需要各部门人员的积极参与和相互配合。

界限：企业法律形态选择

随着企业规模的扩大，管理的难度会再次升级。为了减轻公司多线条、多业务的负担，企业通常会在具备一定的市场竞争力或经济实力时，成立子公司或分公司，从而进一步划分业务。

乍一看，子公司和分公司好像差不多，其实两者完全不同。有“子”就意味着有“母”，子公司是基于母公司而衍生的，它和“母亲”分别是独立的个体，具有企业法人资格，依法独立承担民事责任；有“分”就意味着有“总”，分公司是基于总公司而分化的，它是隶属于总公司的一部分，不具有企业法人资格，民事责任由总公司承担。

简单理解，子公司就是母公司孕育的孩子，它与母公司除了有这份“血缘关系”做联结之外，可以完全放飞自我，自由发展；分公司就是从总公司中切割出来的手脚，它不能完全“独立行走”，需要倚仗总公司给它供血、教它做事。

在公司法务的工作范畴中，不仅要掌控总公司的法律风险风向，还需要注意分公司或子公司的治理，同步加固风险防范意识，避免产生较大的风险敞口。

假设A公司是一家市场发展前景良好的企业，它设立了下属子公司B，A公司与子公司B之间的会计主体、人员结构独立，股权结构清晰。为了拓展更大的市场，B公司计划把珠三角作为区域中心，但是A公司在深圳、广州都有渠道商、经销商。没过多久，子公司B决定在深圳创立分公司，随后完成了工商登记备案，刻制了印章，证照齐全，具备对外独立签订合同的资格。

然而，B公司对其分公司采用了渠道商模式进行管理，分公司拥有对外招聘权，自行组建人员，B公司并未派出相关的专业人员对其进行统一管理。同时，分公司借用子公司B的相关资质对外承接项目，独立开展一系列核心业务和售后服务，子公司B依然不对它进行管控。

此外，分公司自行管理合同用章，自主确定合同签订和发票开具，自行独立核算，独立拥有银行账户，子公司B的财务部不对它进行监管，也没有实行收支两条线的统一管理，仅在年底根据业绩对其进行考核，以此分配利润。

因B公司对分公司的管理方式存在疏忽，故产生了多米诺骨牌效应。从外部审计结果来看，分公司的收入确认方式与B公司并不一致，B公司以客户确认验收后确认收入，而分公司采用开票即确认收入的方式，且分公司在业绩考核上存在数据上的人为调整，这就造成两者在销售口径上存在较大差异。

在这个案例中，B公司基本丧失了对分公司的管控权，但分公司属于分支机构，不具有独立的法人资格，它的经营行为造成的民事责任与其他责任全部由B公司来承担。对B公司而言，这存在较大的风险敞口。分公司经营不当造成的资金损失、由此引发的合同纠纷，以及潜在的客户投诉和声誉风险，都可能产生蝴蝶效应，从而波及B公司甚至A公司。

由此可见，企业在异地设立分支机构时，需要事先考虑子公司与分公司的区别，根据自身经营管理的需求，比如设立人可用的资金、风险责任的大小、寻找合伙人可能性的大小、企业决策的难易程度等，知悉不同企业法律形态的管理风险，准确选择和设立最佳形式的下属公司。

那么，哪种形式才是企业设立分支机构的最佳选择呢？下面从税收、经营、民事责任、管理四个角度简要介绍一下子公司与分公司的区别。

从税收角度来看，分公司并不是一个独立的法人，它所实现的盈亏要和总公司合并后，再计算纳税；而子公司是一个独立的法人，母、子公司分别纳税，相关股东只能在子公司的税后利润结算后，再按照股份比例进行利润分配。如果组建的公司在经营初期就发生了亏损，那么我建议企业组建分公司，这可以进一步减轻总公司的税收负担，对总公司而言会更为有利。分公司与总公司之间的资本转移不涉及所有权变动，不必承担税收。

从经营角度来看，分公司的经营范围不得超出总公司的经营范围，且设立程序相对简单；子公司没有经营范围的限制，设立子公司与设立一般公司的程序要求大致相同，但手续会相对复杂一些。

从民事责任角度来看，分公司不具有法人资格，领取非法人的营业执照，不能独立对外承担民事责任，它的民事责任由总公司一并承担；子公司具有独立的企业法人资格，领取企业法人营业执照，可以依法独立对外承担民事责任，母公司对子公司的债务不承担连带责任。

从管理角度来看，母公司可以将企业的经营权下放给子公司，但总公司不能对分公司放松管理，尤其不能丧失对分公司的管理权。首先是人事权，总公司可以对分公司委派关键核心人员，确定任职标准和汇报机制；其次是财产权，总公司的财务对分公司的资金进行监控，收集相关财务信息；再次是合同签订权，分公司如有对外签订合同的权利，则需要和总公司明确授权范围；最后，若是承包制的分公司，总公司则要保留监督权，防止因承包人经营不善，导致总公司承担连带的资金损失和法律风险。

由此，企业可以根据这四大角度，结合自身发展境况，权衡利弊后再做选择。尤其要评估投资人可以承担的法律风险和责任程度，明确不同企业法律形态的“风险界限”，谨慎地走下一步棋。

“公司人格”分裂：股东行为规范

大家一定还对小黄车、小桔车和小蓝车记忆犹新。我们经常在某家企业因经营不善而濒临倒闭时看到“破产”“清算”“重组”等词汇。

当共享单车领域被资本追捧得如火如荼时，却遭到了行业恶性助长的严重反噬，小黄车ofo破产，其创始人戴威拖欠用户巨额押金；小桔车摩拜甘心被大厂收购，被纳入美团麾下；小蓝车也没能逃过倒闭的命运，不得不宣布破产，被杀入共享单车领域的滴滴托管。

在前景如此被看好的赛道上，三大共享单车企业竟在鼎盛时期接连倒下。这再次印证了创业和投资都是风险极大的“买卖”，而非一锤定音的简单交易，企业主切不可倚仗资本的偏爱而肆意妄为、挥金如土，在经营风险意识尤其是法律意识方面，其实企业主们还有很长的路要走。

那么，在企业遭遇债务危机时，创始团队到底会如何处理？如果公司的资产不足以承担赔偿责任，会就此不了了之吗？

李某曾以个人投资10万元人民币的形式创立了一家一人有限责任公司A。在后续的日常经营中，由于货物保管措施不当而受损严重，A公司因巨大的经济损失而无法继续经营下去。李某所投资的10万元人民币远远不够用于偿还所欠的债务，A公司的债权人提出要求李某以个人资产承担继续偿还债务的责任，但李某表示，根据《公司法》的相关规定，股东只以出资额为上限对公司的债务承担有限责任，对于超过出资额的公司债务，不再继续承担清偿责任，因而拒绝清偿。A公司的债权人向法院提起民事诉讼，强烈要求李某承担剩余债务清偿责任。

由于李某的一人有限责任公司与自身的个人财产混同，经营场所与居住处所合一，且一人公司内部缺乏制衡和监督，李某并没有有效证据可以证明公司的财产独立于个人财产，因此，法院最终判定，李某应对A公司的债务承担连带责任。

在这个案例中，一人公司的股东没有将公司财产与个人财产相分离，导致股东个人连带承担了公司的债务清偿责任。股东对公司承担有限责任，只要股东不滥用这份有限责任，他的有限责任就会受到法律的充分保护。而一人公司的股东需要重点避免股东与“公司人格”混同、财产混同。

股东在出资范围内对公司债务承担责任是公司制度的基石，但法律同时也规定了股东以个人财产对公司债务承担责任的例外情形。《公司法》规定，公司是企业法人，有独立的法人财产，并享有法人财产权，公司以其全部财产对公司的债务承担责任。有限责任公司的股东以其认缴的出资额为限，对公司承担责任；股份有限公司的股东以其认购的股份为限，对公司承担责任。一人有限责任公司的股东不能证明公司财产独立于股东自己的财产的，应当对公司的债务承担连带责任。

企业要将自身财产与股东个人财产严格分离，有效防范股东权利滥用，同时对一人公司建立严密的风险防范制度：（1）一个自然人只能投资设立一个一人有限责任公司，该公司不能再投资设立新的一人有限责任公司，由此避免个人操控多家一人公司来规避义务、损害利益相关人的权益。（2）一人有限责任公司应当在公司登记中注明自然人独资或法人独资，并在公司营业执照中载明，不设股东会，股东采用书面形式签字做出决定。同时，将股东的重要信息和重要决定予以公示，以便交易人进行查询，有效地预测风险。

（3）一人有限责任公司应当在每一会计年度终了时编制财务会计报告，由外部独立事务所进行审计，为交易人提供客观的财务数据。

为了避免股东滥用权利，《公司法》第20条第3款规定，“公司股东滥用公司法人独立地位和股东有限责任，逃避债务，严重损害公司债权人利益的，应当对公司债务承担连带责任”，确立了“揭开法人面纱”制度[①]的适用条件。

在李某的案例中，滥用公司法人独立地位具体表现为与公司人格高度混同。混同行为可分为身份混同和资产混同。身份混同是指股东担任公司的重要职务，让交易对象无法区分股东是代表个人还是代表公司；资产混同是指股东个人资产和公司资产混同，难以分辨。简单来说，当股东存在滥用公司法人独立地位的行为，以及损害债权人利益的事实时，就启动了“揭开法人面纱”的适用条件，需要承担无限连带责任。

创业并不是注册一个公司那么简单，在股东群体的选择上也需要注意避雷。

企业创立及办理开办相关事项时，会有许多代办公司下场帮忙，进行一条龙服务，公司发起人和股东一般只需要提供有关证件并签字即可，不需要亲力亲为。也许很多人会认为，只要创始团队不是国家机关公职人员，彼此志同道合，愿意为企业的生产经营和发展一起奋斗，就能一拍即合成为合伙人。但事实并非如此。

不被允许从事与商业相关的营利活动的人员除国家公职人员外，还有国有企业的领导人和职工、现役军人、一人有限公司的股东（不能成为新的一

①该制度是指控股股东为逃避法律义务或责任而违反诚实信用原则，滥用法人资格或股东有限责任待遇，致使债权人利益严重受损时，法院或仲裁机构有权责令控股股东直接向公司债权人履行法律义务、承担法律责任。

人公司股东），商业银行、高校（国家规定除外）、个体工商户及其合作企业的相关人员。

如果股东是未成年人，他依然能被合法承认为公司的股东。自然人股东死亡后，其合法继承人可以继承他相应的股东资格。股东资格不但可以继承，还可以赠予。《公司法》中提到的“合法继承人”，由于并未明确规定是成年人还是未成年人，因此，未成年人也可以受让股份。

然而，这个空子往往会被别有用心之人深钻，利用“娃娃股东”的形式规避债务，或基于其他特殊原因施行相关操作。有不少事关“娃娃股东”的纠纷案件就因为股东是未成年人，所以处理起来相对复杂。作为企业发起人或企业股东，若是出现了“娃娃股东”合伙的情况，务必慎重权衡。

需要强调的是，未成年人不能被认定为法定代表人。在我国民法中，未成年人不具有完全行为能力，只能做出与其年龄、智力相当的民事行为。而对于法人，我国民法中明确规定，需要其为具有完全民事行为能力的自然人。

在对企业股东行为的规范中，可授权专业的法务人员进行制度建设和管理，一定要明确约束法人的有限责任，防止法人的独立地位被滥用，一旦“刺破法人面纱”，企业必将为此付出巨大的代价。

责权清晰：公司治理结构须知

企业内部治理和风险管控向来由于组织架构混乱而饱受诟病。

纵观当下的职场环境，公司内部的矛盾和冲突时有发生，由此引发的恶性事件更是屡见不鲜。从管理层滥用职权到高层内斗，从内幕交易到违法违规操作……不少职场人都曾或多或少亲历和目睹过因管理混乱而导致的职场政治之战，甚至悲剧。

2020年12月，一则因企业高层内斗引发的刑事案件刷爆全网。据网络消息和警方通报，产出了《少年三国志》《权力的游戏：凛冬将至》等知名游戏、手握《三体》影视剧改编权的游族网络，其创始人、CEO兼董事长林奇经抢救无效死亡。令人震惊的是，他的死因疑似为其日常饮用的陈年普洱中被投毒，犯罪嫌疑人锁定了与他一同打拼的游族影业CEO许某。

两人的具体纠纷我们不得而知，但此类耸人听闻的职场案件警示着所有企业要把内部治理重视起来。

初创企业在经营管理和发展过程中，往往会出现职能越位及缺位的情况，公司因内部治理失败，造成管理架构逐步瘫痪，领导层逐渐失去公信力，以致本就娇柔脆弱的“新生儿”慢慢走向衰亡。比如，由于股权分散，股东有可能失去控制权，企业被内部管理者所控制；由于股权结构单一或集中，大股东“一言堂”，企业难以规范地形成对董事会、监事会、经理层及公司行为的制衡和约束机制；董事会的产生具有随意性，没有发挥出核心作用，董事会成员与经理层高度重合，以致董事会被其他领导班子所控制，董事代表股东利益的作用失效，无法正常运行；监事会未能有效发挥监督职责，形同虚设。

公司治理的核心是在企业的所有权和经营权分离的条件下，由于所有者和经营者的利益不一致而产生的委托代理关系。公司治理的目标是降低代理成本，使所有者不干预公司的日常经营，同时又保证经理层能以股东的利益和公司的利润最大化为目标。

良好的公司治理结构可以解决公司各方的利益分配问题，促使公司高效运转，具备市场竞争力。

简单地说，公司治理就是在公司内部划分权力，明确决策公司事务时所应遵循的规则和程序。我国的公司治理结构采用决策权、经营管理权、监督权分立的制度，决策权属于股东会（股东大会），经营决策权属于董事会（或董事会授权的经营层），监督权属于监事会。通过权力的制衡，三大机构各司其职，又相互制约。

公司的治理结构由四个部分组成：一是股东会（股东大会），由公司股东组成，是公司的最高权力机构；二是董事会，由公司股东会（股东大会）选举产生，对公司的发展目标和重大经营活动做出决策，维护出资人的权益，是公司的决策机构；三是监事会，由股东会（股东大会）或职工大会选举产生，独立行使监督公司业务执行状况、财务状况和其他公司重大事务的权力，是股份公司的法定必设专门监督机关；四是经理，由董事会聘任，负责经营和执行相关业务，是公司的执行机构。

这里我先和大家探讨一下公司治理中最关键的股东资格认定问题。股东资格是股东行使权利、承担义务的基础。只有股东已实际向公司出资，认购了股份，或者通过继承、受让的方式取得了股权和股份，才能依法享有公司的股权。若股东虚假出资、出资不实或抽逃出资，股东会就可以限制该股东的权利，或取消他的股东资格。股东依法缴纳出资后，即开始履行股东义务。同时，公司也要履行签发出资证明书、将股东的姓名或名称登记在名册或相关文件上的义务。

如果上述条件都已满足，企业基本上就不存在股东资格认定的问题了。但在司法实践中，通常会发生隐名股东的资格认定问题，即公司名义上的股东代替实际出资股东在公司里挂名，公司由背后的实际股东出资及运营。对此，不能简单地依据前述股东资格认定标准，而是需要依据隐名股东与显名股东之间的约定和相关法律规定，进一步认定股东资格。

假设王某和黄某是国家公职人员，不得设立公司，于是他们找到赵某和孙某代替他们设立公司，并担任公司名义上的法定代表人及高管人员。王某和黄某为企业的实际出资人，与赵某和孙某签订了《代持协议》。经工商部门登记后，公司正式成立，但公司的所有日常重大事务均由王某和黄某决定，以赵某和孙某的名义做出。

公司发展到一定阶段后，赵某和孙某未经王某和黄某同意，私自将自持的股权转让给了各自的亲属，并办理了股权变更登记。王某和黄某得知后，向法院提起诉讼，请求赵某和孙某转让股权的行为无效。

在这个案例中，虽然赵某和孙某为法律上承认的股东，但没有履行出资义务，也没有行使公司决策权。可以认定，王某和黄某才是公司的真实股东，实际行使股东权利，履行股东义务。但王某和黄某是国家机关工作人员，他们采用名义股东的方式设立公司的行为不受法律保护，应当被认定为无效。

其实，对于企业的股权代持问题，只要不违反相关的禁止性规定，股东的代持关系是可以得到法院支持的，但这种代持关系所带来的各种法律风险会更高，应当慎用代持形式设立及运营公司。

作为“企业三会”之一的董事会是公司经营的决策机构，也是股东会（股东大会）的常设权力机构。董事会是公司治理的工具，对股东会（股东大会）负责，依法行使公司的多项管理权。在设立董事会时，公司要谨慎考虑其组成以及议事规则。尤其是合资公司的董事会，由于涉及多方股东的利益，因此更需要经过各方充分讨论后再做出决定，避免老股东争夺董事会的实际控制权，从而造成“双董事会”的闹剧。

在董事会层面，特别需要注意避免大股东形成绝对的控股地位，这样会导致董事会出现“一言堂”的局面，这样企业决策就成了股东夺权的手段，更会成为大股东控制公司的工具，而非公司治理的工具，董事会的独立性就从根本上缺失了。

董事会作为公司治理的核心，需要对公司的发展起到决定性作用。如果董事会制度不健全，大股东争相夺权、唯利是图，必然会影响公司整体的生存和发展，也会影响全体股东的利益。企业必须完善公司的内部制度和规定，在董事会成员选举和重大决策等问题上，保障董事会中的独立董事和监事会的权利，促进企业法人治理，提高公司治理效率，让董事会真正成为企业决策的“定海神针”。

在公司治理中，另一个重要角色就是由监事组成的监事会，它是公司的监督机构，负责维护广大中小股东的利益，对公司的财务、董事、经营者的行为发挥监督作用。监事会制度是维护公司健康和稳定发展的重要保证，也是公司权力机关制衡机制的重要组成部分。

然而，由于大部分监事会成员均由大股东选举产生，造成监事会与独立董事职权重叠冲突，同时，因任命机制导致监事会独立性不足，履职的有效性受限，难以完全行使监督职权，更难以谈得上监督股东和董事会。

那么，监事会应如何独立履行监督职责，成为公司治理中的重要一环呢？

公司要更好地实现企业法人治理和权力的相互制衡，必须有效地搭建监事会，推进监事会监督职能的发挥。首先，需要建立科学独立的监事会架构，保障监事会履职的独立性和专业化，广泛纳入债权人、职工等利益相关人代表参与，形成共同监督的机制；其次，构建畅通的信息传递渠道，保证监事能及时了解公司的经营状况和最新的监管要求。

青岛啤酒公司就率先在国内上市公司中建立了外部监事占半数以上的监事会架构，监事会主席由公司实际控制人青岛市国资委提名推荐。该主席为税务专家，且不领取公司薪酬，这就在一定程度上保证了他能够独立而有效地代表广大股东行使监督职权。

此外，青岛啤酒公司每月还会向每位监事分别提报公司的主要经营情况和相关数据，并将这个流程作为制度性的强制安排。同时，监事会主席代表监事会出席总裁办公会、公司党委会等重要会议，监事会成员列席董事会现场会议，听取相关议案的审议，对议题提出建设性意见。

从青岛啤酒对企业监事会的部署原则可以看出，只有让监事会保持独立性和专业性，保障监事们对公司经营情况的知情权，同步实施激励性的改善措施，有效推动监事会成员履职，才能对大股东及董事会形成有效的监督。

公司治理结构的搭建在很大程度上决定了企业未来的走向。爬坡还是下坡，在企业设立之初就埋下了伏笔。

企业应从设立时就及时吸纳具有良好职业素养的法务人员，对此做好全面的规划，通盘考量未来发展所需的法律形态及有效的公司治理结构，规范各股东的商业行为。在企业后续的经营过程中，法务人员需充分依据《公司法》和企业章程的各项有关规定，推动股东会（股东大会）、董事会、监事会及其他高管各项职能的有效发挥，这样才有可能推动企业在快车道上持续稳定地发展。

CHAPTER 3

| 第三章 |

管理就是管人：劳动用工的风险防范

近年来，我国劳动人事调解仲裁案件一直居高不下，2015年发生了172.1万件，2017年超过180万件，2019年发生了211.9万件，2021年前三季度发生了183.4万件。企业用工不合法、不合规是产生此种现象的重要原因之一。在现代企业管理体系中，除了规章制度比较健全的大公司在相关方面风险程度比较低以外，许多公司在日常管理工作中都存在着这样或那样的高风险地带，一旦出现问题，后果将不堪设想。

《劳动合同法》正式实施到现在已有10多年的时间，在此期间，我国的经济结构、社会环境、法制建设等方面都发生了巨大的变化。互联网在人力资源管理中的广泛运用、“二胎”政策的放开、延迟退休政策的推进使得企业用工面临新的问题和压力。每到年关将近，绩效考核、奖金发放、合同续订、员工跳槽、企业解雇员工等一个个具体问题都是企业不得不去面对和处理的。新形势下的企业正面临着稳定发展、合法用工、规范管理、建立和谐劳资关系、降低用工风险以及化解劳资纠纷的挑战。当这些问题鲜明地摆在企业面前时，很多企业都会感到力不从心，越是背负着用人的压力，就越是觉得自己在这一方面还有很多管理不到位的地方。

对于一个企业来说，它必须对企业劳动用工中的法律风险防控有一个全面的认识。企业劳动用工常见的风险有哪些？如何预防这些风险的发生？随着企业生产经营规模的不断扩大，劳动用人的需求也会不断扩大，这时的用人风险该如何防范？这些都是企业必须考虑和正确对待的问题，其与企业的生存息息相关，也与企业的发展紧密相连，一不留神便会出现大问题。

招贤纳士：员工录用

新冠肺炎疫情暴发之后，整个社会各行各业的从业人员都感受到了压力。在压力面前，一句“打工人，打工魂，打工才是人上人”像是一种自嘲，更像是一种自我安慰。每一位居家隔离过的“打工人”对因疫情下滑的经济情况深有体会，不过，疫情也使得我们有了更多时间去关注身边的人。

我们应该也需要留出一些时间去关注身边那些更为平凡的普通人，去感受他们的悲欢离合，如此，我们的生活才会有温度。网络信息让我们时刻接收着那些或遥远或在身边的“打工故事”，好消息千篇一律，而坏消息则各有各的不幸。

如若我们将视角转到“雇佣者”身上，企业方面能够诉苦的地方就更多了，要知道，再好的商业愿景也需要具体的人去执行，这也是企业招聘员工的主要原因。用人难，把人用好更难，稍有不慎，便是满盘皆输，企业方面需要考虑的问题本来就很多，劳动用工方面需要考虑的事项更是让大多数企业管理者感到十分头疼。

而且，由于面对企业维权的个体员工本就“弱势”，因此劳动相关法律制定的初衷是维护普通员工的权益。面对这种情况，企业方面要考虑的问题就更多了，在维护员工权益的基础上架构维护企业权益的规章制度，便需要专业人士来保证企业所签订的合同、出台的制度是不违背相关法律法规的。

下面，我们通过一个案例来就此方面的内容进行讨论分析。

周某是一位非常优秀的“90后”程序员，毕业于知名院校，在互联网大企业A公司工作了3年。因业务合作往来，周某结识了B公司的技术总监，B公司基于企业的技术发展战略规划，欲以高薪将周某从A企业挖过来。周某在考虑职业发展以及薪资水平之后，决定接受B公司的邀请，经过三轮面试后，B公司正式向周某发放了内容详尽的书面录用通知书，通知书中明确了周某的职位、工作待遇以及入职时间，承诺年度薪酬加绩效奖金不低于30万元人民币。

接到录用通知书后，周某立即回复邮件表示自己将在半个月内办理好A公司的离职手续，于约定时间入职B公司。正在周某踌躇满志打算开启新生活时，B公司总部却发出了战略调整的紧急通知，该公司的人员架构需要在新一季度完成调整，周某所应聘的技术岗位不再招聘新人，于是，B公司决定不再聘用周某，要求人力资源部门撤销对周某的录用函。

但是，周某在得知B公司拟撤销对他的录用时，已经办理完了A公司的离职手续。为此，周某表示强烈不满，要求B公司承担违约责任，并赔偿相应的经济损失。

该案例是基于录用通知书的发放而引起的纠纷，产生争议的焦点在于录用通知书的性质和效力，其本质上不属于劳动争议范畴，而是属于普通的民事纠纷。根据《中华人民共和国民法典》[①]（以下简称“《民法典》”）的规定，合同的订立需要经过要约和承诺这两个程序。要约是指希望和他人订立

①《中华人民共和国民法典》于2020年5月28日由第十三届全国人民代表大会第三次会议表决通过，自2021年1月1日起施行，《中华人民共和国婚姻法》《中华人民共和国继承法》《中华人民共和国民法通则》《中华人民共和国收养法》《中华人民共和国担保法》《中华人民共和国合同法》《中华人民共和国物权法》《中华人民共和国侵权责任法》《中华人民共和国民法总则》同时废止。《中华人民共和国民法典》共7编、1260条，各编依次为总则、物权、合同、人格权、婚姻家庭、继承、侵权责任，以及附则。通篇贯穿以人民为中心的发展思想，着眼满足人民对美好生活的需要，对公民的人身权、财产权、人格权等做出明确翔实的规定，并规定侵权责任，明确权利受到削弱、减损、侵害时的请求权和救济权等，体现了对人民权利的充分保障，被誉为“新时代人民权利的宣言书”。

合同的意思表示，该意思表示应满足两个条件：一是内容具体确定，二是表明经受要约人承诺，要约人即受该意思表示的约束。承诺则是指受要约人同意要约的意思表示，承诺生效时合同成立，并产生法律约束力。

B公司向周某发送的录用通知书符合要约的构成要件，其核心内容是建立劳动关系，包含与工作内容相关的主要信息，于送达周某时即已生效，其构成要约，具有要约的法律效力，B公司应受到这个要约全部内容的约束。

周某在接到B公司的通知后表示同意，并向原公司提出辞职，这是基于对录用通知书的合理信赖，表明周某已经预先做出接受录用通知书全部内容的意思表示，并且同意在此之后，双方签订正式的书面合同。虽然双方未签订具体文本形式的书面合同，但录用函对双方当事人具有一定的法律约束力，周某可据此主张相关的期待利益。

除此之外，《民法典》第500条也规定，当事人在订立合同过程中有下列情形之一，给对方造成损失的，应当承担损害赔偿责任：（1）假借订立合同，恶意进行磋商；（2）故意隐瞒与订立合同有关的重要事实或者提供虚假情况；（3）有其他违背诚实信用原则的行为。

B公司由于自身原因未履行与周某订立劳动合同的义务，且宣布撤销录用，构成了《民法典》上的缔约过失，应承担违约责任，且有义务赔偿周某的实际损失以及他的“期待利益”损失。

不过，在录用通知书到达劳动者之前，用人单位是有权利选择撤回的，一旦撤回，该通知书即不会产生要约的法律效力。但是，一般情况下，录用通知书发出之后极难撤销。因为录用通知书上通常已经载明了承诺期限，且劳动者可以主张自己相信录用通知书是不可撤销的，并已经为履行合同做了必要的准备，如已向原单位提出辞职等，从而要求用人单位承担违约赔偿责任。

用人单位发出录用通知书后又反悔而引起的纠纷屡见不鲜，其中的关键问题是用人单位撤销录用通知书的行为性质及其所应承担的法律后果。除此之外，企业在招聘录用劳动用工的过程中，还需要留意员工录用环节涉及的员工背景调查、学历或履历核验、岗位要求匹配度（要考虑是否会因性别或特定疾病等引起就业歧视）、特定待遇如办理户口等诸多问题，这些问题处理不好，也会给企业的公平招聘和口碑影响增加很大压力。就上述案例而言，撤销录用函构成公司一方的缔约过失，公司支付一定的赔偿金合理合法。

如今，企业劳动用工的合法性问题越来越错综复杂，部分原因在于立法层面。例如，《劳动合同法》于2008年1月1日正式生效后，1995年1月1日施行的《中华人民共和国劳动法》[①]（以下简称“《劳动法》”）依然有效，但两者关于劳动合同终止的规定在细节上并不完全相同。《劳动合同法》不允许用人单位与劳动者约定终止条件，而《劳动法》第19条的规定是允许的。又如，全国各地的劳动法规、规章、司法解释和（劳动人事争议仲裁委员会和法院的）裁审会议纪要等对同一问题往往会有不同的规定。

企业录用员工的各项行为是否合法，在一定程度上取决于用人单位的实际操作。比如，《劳动合同法》第4条关于用人单位规章制度制定、修改程序的规定被部分业内人士认为是立法智慧的体现，也有部分业内人士认为，这一规定给予了劳动法专业律师很大的操作空间，同时赋予劳动争议仲裁员及法官一定程度的自由裁量权。

从企业的角度来看，用人单位对规章制度的公示、告知、发放《员工手册》、张贴公告、发布于内网、群发电子邮件等通知行为是无法证明所有员

①《中华人民共和国劳动法》是为了保护劳动者的合法权益，调整劳动关系，建立和维护适应社会主义市场经济的劳动制度，促进经济发展和社会进步，根据宪法制定的。1994年7月5日由第八届全国人民代表大会常务委员会第八次会议通过。根据2009年8月27日第十一届全国人民代表大会常务委员会第十次会议《关于修改部分法律的决定》第一次修正。根据2018年12月29日第十三届全国人民代表大会常务委员会第七次会议《关于修改〈中华人民共和国劳动法〉等七部法律的决定》第二次修正。

工对这些规章制度已经知悉的，此类物料在纠纷案件中通常是无法作为证据的。一旦产生了相关争议，员工可以一概否认其已知情，毕竟法律在考量个人在面对企业维权时的弱势情况之后，在立法时便对其进行保护，这也使员工的维权之路通常会比企业走得容易一些。

由此可见，企业在考量自己、维护自己的权益时，在对这个环节的把控中，最安全且有效的方式就是让全体员工以书面“签收”的方式知悉所有规章制度，承诺其已阅知并完全理解，且承诺愿意遵守，但在这里需要注意的是，这些规章制度是不违背相关法律法规的。

其实，从招聘到劳动合同终止，企业劳动用工的合法性贯穿于用工全过程的每一个细枝末节，签订了《保密协议》或《竞业禁止协议》的双方甚至会延续到员工离职后，直至竞业限制期结束。在我看来，企业在员工录用环节是可以用一些技巧去维护自身权益的。比如，用人单位在发送录用通知书之前，在相关通知内容中逐一列明不予录取的特殊情形，以此保留一定的主动权。此外，还需要明确拟录用者回复录用通知书的期限，若应聘者不能在规定期限内完成确认，用人单位有权取消该职位或另招他人。同时，需要明确约定违约责任，双方就录用通知书达成合意后，拟录用者未在通知书规定的时间内报到，公司可要求其承担相应的违约责任。

录用通知书与正式签订的劳动合同有区别吗？有的。录用通知书仅表明用人单位愿意以一定的条件或报酬接纳劳动者为其工作，双方对“合作”意向初步达成共识，用人单位与劳动者之间并未产生实质的劳务关系。用人单位一旦确认录用劳动者，应尽快和劳动者签订劳动合同，用劳动合同进一步规范双方的权利与义务，以避免后续因劳务纠纷产生不利的法律后果。

国家制定劳动用工方面的法律旨在维护普通员工的切身利益，企业维护自身权益无可厚非，但作为企业管理者和经营者，要知道的一个基本出发点是，在实际工作中引入专业法务人员是为了确保企业制定的管理制度以及订立的用工合同不背离相关的法律法规。企业作为一个团体，在面对个体时本就强势，因此要在维护员工权益的基础上，再去考虑企业的权益，这样才符合《劳动法》的初衷。

制度的迷思：日常人事管理问题

电影《天下无贼》里有一句经典的台词："人心散了，队伍不好带啊。"这句话不仅在电影情节中吸引了观众的注意力，在职场环境或团队合作中更是被管理者奉为圭臬。很多时候，其实管理团队就是在凝聚人心。

所谓人心，也就是一个组织或团队中的向心力。从经济学的角度来看，人事管理是用人单位通过有效的组织管理，降低人力资源成本，提高劳动效率，继而创造更高收益的过程。

从法律的角度来看，人事管理便是依法、合规、合理地处理劳动人事相关事务，促进劳资关系和谐平衡发展，是实现用人单位总体目标的一个重要环节。企业人事管理可以简单概括为，处在劳动关系中的用人单位以促进企业的经济效益发展为目的，通过自身的用工自主权对员工施行相应的规章制度。

当然，用人单位的权力有限，依然需要遵照相关法律法规的规定采用合规的管理方法。比如，对违约金的限制，用人单位只有在提供培训、约束保密义务和竞业限制的情况下，才可以与劳动者约定相应的违约金，其他任何形式的违约金都是违背法律的。法律在对企业管理员工进行限制的同时，也赋予了企业制定规章制度的法律地位，合法有效的规章制度可以成为人民法院和仲裁机构判定纠纷案件的依据。

企业可以利用这一方法对员工进行有效管理，但需慎用，尤其是在绩效考核环节，必须与员工确认《岗位职责说明书》，否则一旦产生纠纷，企业往往会处于被动状态。

我们用一个具体的案例来进行分析。

2010年7月，李某入职某房地产企业，被聘为房产销售。企业规定，房产销售岗位实行“年终考核末位淘汰”制度，若销售人员在年底销售业绩考核时排名处于末位，公司将对该员工做解除劳动关系处理。当时李某并未对该条规定提出异议，他认为，虽然房地产行业竞争激烈，但以自己的工作能力还不至于会排到末位。

不承想，李某入职后，政府部门开始调控当地的房地产市场，以致房地产市场行情低迷，李某的售楼业绩持续在末尾行列徘徊，但也及时完成了公司下达的目标任务。2012年1月，公司对2011年的员工业绩进行年终考核，李某不幸排名末位，企业以其“年终考核销售业绩不合格”为由，书面通知李某提前解除劳动关系。

李某收到解除劳动关系通知后，认为公司通过这样的方式让自己离职已经构成违约行为，自己已经完成了公司年初定下的KPI[1]，且在工作过程中并无任何明显过错，排名末位与不能胜任售楼工作之间不具关联性，且公司层面也没有直接的证据证明自己不能胜任销售岗位的工作，“末位淘汰制”不能作为劳动合同的解除条件。

但公司层面认为，被解除劳动关系的销售人员都是工作能力有限的员工，如果业绩达不到公司定下的标准，就要被淘汰，强者上，弱者下，公司并无明显的违约行为，这是公司正常的人事管理手段。制定并执行“末位淘汰制”是企业用工的管理自主权，员工

① KPI：关键绩效指标（Key Performance Indicator），是通过对组织内部流程的输入端、输出端的关键参数进行设置、取样、计算、分析，衡量流程绩效的一种目标式量化管理指标，是把企业的战略目标分解为可操作的工作目标的工具，是企业绩效管理的基础。KPI可以是部门主管明确部门的主要责任，并以此为基础明确部门人员业绩的衡量指标。

入职时均已安排培训，李某知晓相关规定并已签字确认，现因李某年终销售业绩排名末位，工作能力有限，不能完全胜任售楼工作，公司根据《员工手册》和《岗位职责说明书》的相应规章制度与其解除劳动合同，合情合理。

李某与公司协商无果后，向劳动仲裁委员会提起劳动仲裁，要求与公司恢复劳动关系。

在这个案例中，纠纷的争议焦点在于，以年终考核排名末位为由解除劳动合同是否合法。劳动仲裁委员会认为，劳动合同的解除条件是法定的，劳动者在用人单位的绩效考核中居于末位不能等同于“不能胜任工作”，法理上不符合单方解除劳动合同的条件，用人单位不能以此为由单方面解除劳动合同，这缺乏法律依据，故对用人单位与劳动者解除劳动合同的行为不予支持。最终，劳动仲裁委员会做出裁决，要求用人单位与李某恢复劳动关系。

在绩效考核制度制定方面，企业需要制定既合法又能够激励员工的考核制度。首先，绩效考核制度需要依照民主程序制定，且需要公示或告知劳动者；其次，该制度的制定需要遵循公平、公开、公正的原则，合理规划好从起始目标到最终业绩的评估标准及完善事宜，规范绩效考核的全流程细节；最后，明确绩效考核的法律意义，避免仅有考评结果但没有与法律挂钩的绩效评价的情况出现。

例如，需要对相应的绩效进行分数评价（可分为100分、90分、70分、60分等不同级别）或等级评价（可分为A、B、C、D等不同等级），将绩效考核的法律意义以规章制度的形式进行明确，即明确哪一种绩效考核评价结果为不能胜任该岗位工作的情形，以避免出现绩效考核评价结果为60分，但无法证明60分不能胜任该项工作的情形。

此外，在日常人事管理工作中，还有一些细节需要注意，尤其是在员工入职前，一定要让人事部与员工明确该工作岗位的《岗位责任说明书》，这是企业及其所属部门对员工进行绩效考核的基础。在绩效考核环节，还有以下几个需要重点关注的事项：

第一，设定的绩效目标任务要合理合法。企业管理层或部门负责人下达的任务指标要与岗位职责相关，必须是同岗位、同职级的员工可以完成的任务，且与薪酬水平相当，不能差距过大。

第二，绩效目标在客观上可以量化评估。也就是说，员工的任务指标是由客观的具体数字表示其劳动成果是否达标的，而不是主管在主观层面上对其“好”或“不好”的评价。如果是在客观上无法具体量化的任务，则可以让其行为化。例如行政岗位，可以用其他部门和员工的投诉次数和满意度等指标进行具体考核。

第三，绩效考核周期的设立合理合规。企业应以一定周期内该员工的工作表现作为其能否胜任相应工作岗位的依据。若考核期太短，比如员工在一个月内的绩效考核结果不达标，在很大程度上会被司法机关认定为偶发性的不良绩效，不足以认定员工不能胜任该岗位的工作。考核周期一般以3个月以上为宜。

第四，留存工作素材，让员工确认考核结果。建议企业使用专业的线上办公工具，可留存员工业务往来的所有沟通信息、文件、邮件，以及会议记录、工作规划等，既方便推进和回顾工作流程，又方便进行系统性的管理，必要时，还可以作为证据使用。除此之外，一定要让员工签字确认或邮件确认绩效考核结果，降低后续可能产生的劳动用工法律风险。若员工拒不确认绩效考核结果，绩效考核结果可通过群发邮件或张贴公告的方式向全体员工公示，警示在相应工作日内，如3日内员工有异议，可提交书面申辩意见，逾期不提交申辩意见的，视员工已确认相应绩效考核结果。

企业在经济与法律视角下进行的人事管理难免因理念和举措相悖而产生冲突，在处理劳动争议时，应同时兼顾合法性和合理性做出具体判断。从公司法务的角度来看，在发生劳动纠纷时，公司应通过换位思考的方式适当考虑员工的利益，尤其是不能胜任工作的认定与处理、劳动合同变更和绩效管理考核等问题，寻求对双方当事人利益最大化的解决方案，若一味将诉讼进行到底，有时会适得其反。

法律意义上的人事管理需要注意的事项大都极为错综复杂，企业在制定相关制度时需充分研究相关的法律法规，确保所制定的规章制度是不违背法律法规的。这也就要求企业在制定相应的规章制度时，最好引入相关领域的专业人士来处理。对于一些细节上需注意的事项，限于篇幅，这里不再具体展开。

各奔前程：员工解聘与离职

吃好“散伙饭”往往比吃“欢迎餐”还重要。在职场中，遇到员工离职，尤其是企业中高层领导或核心人员离职的情况，人事部门需要充分了解导致其辞职的内外部因素，处理好相关的工作交接事项，并做好安抚工作，确保双方达成“和平分手”的共识。

对于员工离职的原因，曾有企业家总结为“一是内心受了委屈，二是钱没给到位”。这种说法虽然很笼统，却道出了员工离职的大多数原因。不论员工基于何种原因选择离开，或是企业通过何种方式希望某些员工离开，都需要特别注意与之相关的法律问题。员工的解聘与离职是企业人事管理流程中极为重要的一个环节，也是劳动关系中最为敏感的一个环节。在办理离职手续的过程中，劳资双方最容易因劳动关系问题产生争议，因此而诉诸司法机关的也不在少数。

曾有一家外企（下称“A公司”）就因与其中国区总部总经理（下称其化名“梁某”）解除劳动合同时未做好安抚工作，而遭梁某恶意散布不当言论，严重损害了企业商誉，最后不得不通过法院从中调解。

梁某为A公司中国区总部的负责人，全面负责公司中国区的业务开发和客户维护工作，手握公司中国区核心客户资源及大量商业秘密。在公司的经营发展中，梁某因与公司的经营理念不合而主动请辞，公司方面经慎重考虑后表示同意。

但梁某因索要高额的经济补偿金未果，拒绝交还公司营业执照及公章等重要物件，公司层面迫于无奈，遂请来专业的开锁师傅将其办公室保险箱打开，取出营业执照及公章等物件。梁某获知后，在公司内持续纠缠，并报案声称其私人财物被盗取，民警赶到现场了解真相后，要求梁某自行与公司高层协商处理。随后，梁某向法院提起劳动仲裁。

在此期间，梁某通过匿名邮箱及私人邮箱同时向公司重要客户、潜在客户、供应商、全体员工及相关研究机构等恶意散布关于A公司的不当言论，称A公司趁其不备，私自撬开其保险箱盗取私人财物，且有出售过期产品等不良行为。A公司知悉并取证后，在劳动争议案之外，对梁某另行提起诉讼。

基于上述事实，该案例属于高管劳动争议与侵犯法人名誉权的纠纷，A公司在劳动争议之外针对梁某提出的侵权诉讼属于行使企业法定权利。类似的高管劳动纠纷案件一旦闹起来，后果要比普通的劳动纠纷更严重。A公司的相关客户及意向合作方受梁某不当言论的影响而对合作产生了怀疑，暂缓或中止了业务合作，公司的全体员工也陷入人心惶惶的境况。若企业在劳动争议程序中被动应对，是无法切实维护公司合法权益的，有时候也需要主动出击，尤其是涉及类似级别人员的劳动争议。

站在公司的角度来看，A公司的处理步骤有可借鉴之处。据案情相关事实可知，最初A公司涉入案情时，仅有几封匿名邮件佐证，暂无其他有力证据。法务团队经A公司总部同意后，向匿名邮箱和梁某同时发送了措辞恰当的警示函，随后散布不当言论的频率和范围大幅度减小，法务团队的初步行动策略取得有效进展。

经调查取证发现，部分匿名邮箱是用A公司提供给梁某的工作手机号注册的，另有线索证明前述邮箱确为梁某使用，通过公证等手段固定证据后，A公司正式起草民事起诉状起诉梁某，并顺利立案。同时，A公司还为客户起草了刑事报案书，向公安机关进行刑事报案并取得了书面回执。

随后，法院以梁某散布虚假信息导致原告公司社会评价降低、构成对原告名誉权的侵害为由，判令梁某删除侵权邮件、向原告出具书面道歉，并将法院核定的道歉函发送给相关邮件接收人，同时赔偿原告公证费和翻译费。梁某不服此判决，提起上诉，但被法院驳回，维持原判。

对于与企业高管相关的劳动争议，企业及其人事部门需要谨慎处理，这类纠纷通常会对企业的经营发展和品牌声誉造成巨大打击，但企业也不能因此而“因噎废食”。当法人的名誉被恶意诋毁时，要及时留存证据，必要时切不可念及旧情，而是要通过法律途径追究责任，绝不姑息。

离职是劳动者与用人单位解除或终止劳动合同的行为，表示双方之间的权利和义务关系随之结束。根据劳动合同终结原因进行分类，大致可分为解除劳动合同和终止劳动合同；根据员工的行为性质进行分类，可分为主动离职、被动离职和协议离职。在处理员工离职事宜时，企业需特别注意证据保存，即辞职性离职需要注意保留书面文件。

员工主动提出离职的，企业应当要求其提交书面的辞职申请，或在办公系统上走辞职审批流程，明确其辞职为自身原因。若是协商解除劳动合同的情况，双方还应在解除劳动合同协议中注明。企业方提出解除劳动合同属于解雇性离职，企业需要支付被解聘员工相应的经济补偿；而由员工主动提出解除劳动合同则属于辞职性离职，企业无须支付经济补偿。

如果遇到员工拒绝进行工作交接而强行离职的情况，企业可在劳动合同中对工作交接进行约定，对离职的具体流程进行细化，员工按约定的离职流程办理完手续后，才可获得离职证明。需支付经济补偿的，员工未履约完成工作交接义务，企业可暂缓支付其经济补偿。

为避免事后被离职员工反咬一口，企业在与离职员工确认完离职手续后，应及时出具离职证明，依照《劳动合同法》的规定，于15日内办理档案和社保关系转移手续，并妥善进行文本保管。相关文本依法至少须保存2年备案。

事实上，劳动合同可以被当作双方对彼此选择的一种有效“凭证”。劳动者可以随时“任性分手”，雇佣者也可以在认定彼此不合拍的时候“选择放手”。只不过，确认可以放手有一定的先决情形。情形一：员工在试用期内被证明不符合录用条件；情形二：员工严重违反用人单位的规章制度，或是出现严重失职的工作情况，营私舞弊，给用人单位造成重大损害；情形三：双方存在严重的利益冲突，劳动者与其他用人单位建立劳动关系，对完成本单位工作任务造成严重影响，经用人单位指出后拒不改正；情形四：以欺诈、胁迫的手段致使用人单位在违背真实意愿的情况下订立或变更劳动合同，或是劳动者被追究刑事责任。

在遇到上述情形时，企业可以依法与员工解除劳动合同，但还须注意在证据和程序两个方面做好应对措施：其一，对于员工过失性解除劳动合同的情形，企业应切实掌握相关证据。由于相关法律设立了严格的解聘条件，企业在行使法定解除权之前，应当根据所掌握的证据进行评估。其二，企业需要严格执行法定程序，先将拟解聘员工的解聘理由通知工会，并征求工会意见，再将解除劳动合同通知书的文本交由员工签收。

在涉及经济性裁员的解聘情况时，企业还需要同时审查其裁员行为是否符合法定裁员的条件，以及是否履行了相应的法定裁员程序，避免因裁员而产生劳资纠纷。例如接下来的这个案例。

2002年11月，Z公司聘用黄某从事政法岗位工作，但直到2012年，Z公司经营持续处于亏损状态，且有亏损不断扩大的倾向。鉴于

Z公司严重亏损的经营情况，公司股东会于2013年6月29日做出全面停产的决定，隔日，公司全面停产，并向工会说明解除职工劳动关系的情况，征得了工会的同意。

随后，Z公司于当年7月召开全体职工大会，告知全体员工公司的困境，宣布解除员工劳动合同。同日，Z公司向人力资源和社会保障局相关部门报告裁减人员的方案和工会意见。2013年8月1日，Z公司公布《关于解除职工劳动关系的决定》，Z公司与黄某正式解除劳动合同。同年12月30日，黄某却提起了仲裁，请求裁令Z公司支付其违法解除劳动合同的赔偿金12.19万元人民币。

该案例的争议焦点集中于，Z公司因生产经营发生困难的裁员行为是否属于依法解除劳动合同的情况。结合我国《劳动合同法》第41条的规定，企业生产经营发生严重困难时，需裁减人员20人以上或者裁减不足20人但占企业职工总数10%以上的，用人单位需提前30日向工会或者全体职工说明情况，听取工会或者职工的意见后，裁减人员方案经向劳动行政部门报告，可以裁减人员。

从公司法务的角度来看，Z公司确因生产经营亏损面临严重困难，需裁员20人以上，且已提前30日向工会说明，并听取工会意见后，裁员方案征得当地人力资源和社会保障局相关部门同意。Z公司与黄某解除劳动合同，符合法律规定，Z公司只需向黄某支付解除劳动合同的经济补偿，并不需要支付违法解除劳动合同的赔偿金。

由此类劳动纠纷案例可见，企业劳动用工的合法性是一个极为宏大的研究课题。就法律适用性而言，企业不应只局限于使用《劳动法》《劳动合同法》这些普遍适用的法律法规，还应着眼于《公司法》和《民法典》等民商事法律、《中华人民共和国刑法》（以下简称“《刑法》”）的司法解释，甚至启用《中华人民共和国就业促进法》[①]和《中华人民共和国网络安全法》[②]等相关法规。对外商投资企业尤其是美资企业而言，在探讨劳动用工的合法性及合规性时，还应对美国的《反海外腐败法》（“FCPA”）等相关法律予以适当关注。

在宏观经济形势转变、产业结构调整、市场梯度转移等诸多因素加成影响的环境下，企业的经营状况往往会受主、客观条件的双重制约而每况愈下，不可避免会发生人事变动，甚至引发劳动争议。其实劳动关系的核心就是人与人之间的关系，用人单位通过管理人员、人事人员以及法务人员，与劳动者进行密切的工作交流，在处理劳动关系时，应当以人为本、以法为据，否则可能会因小失大，深陷纠纷的旋涡之中。

同时企业还须就具体情况做出相应的调整，在具体执行层面引入专业人士，对企业内部所有事关劳动用工的环节进行全面把控。很多时候，企业方面制定的制度或签订的劳动用工合同在基本面上便是违背法律的。因此，在企业劳动用工方面，还需要专业人士来进行处理，避免企业出现违背法律的严重情况。

①《中华人民共和国就业促进法》是为了促进就业，促进经济发展与扩大就业相协调，促进社会和谐稳定而制定的法律。由第十届全国人民代表大会常务委员会第二十九次会议于2007年8月30日通过，自2008年1月1日起施行。

②《中华人民共和国网络安全法》是为了保障网络安全，维护网络空间主权和国家安全、社会公共利益，保护公民、法人和其他组织的合法权益，促进经济社会信息化健康发展而制定的法律。由第十二届全国人民代表大会常务委员会第二十四次会议于2016年11月7日通过，自2017年6月1日起施行。

依法用人：劳动法须知

很多企业在发展过程中都面临着这样或那样的风险，其中一个非常重要的环节就在于用人环节。企业是一个团队，而团队是由人组成的，每个人在团队中都发挥着至关重要的作用，员工加入企业的时候，管理者会经过细心的考量，如若有一天员工离去，对于其间可能出现的风险，企业也需要提前加以防范。这个时候，倘若忽略了一些重要问题，说不定是很小的一件事情，都会给整个企业带来相当不利的影响，到那个时候再进行弥补，也只能是亡羊补牢，更何况有些事，即便是想弥补，所要承担的损失也是不可估量的。

事实上，很多企业在用人问题上都是粗犷的，只要劳动者有能力、能干活、适合这个岗位，就不会考虑太多。在实践中，很多用人单位甚至以口头或其他形式与劳动者约定试用期，连一份即时生效的劳动合同都没有。这种口头或者以其他形式约定的试用期期满后，如果该劳动者试用合格，或许用人单位会考虑与劳动者签订一份正式的劳动合同；如果用人单位认为对方不符合自己的要求，劳动关系就会自然解除。本来觉得这样的约定方式对自己万无一失，但其实是违反法律规定的。本来侥幸地认为，没有跟员工签订合同，便与对方尚未构成真正的劳动关系，但一旦发生劳动纠纷，类似的情况多半不会受到法律的保护。

根据《关于贯彻执行〈中华人民共和国劳动法〉若干问题的意见》第18条的规定，劳动者在被用人单位录用以后，双方可以在劳动合同中约定试用期的期限，而试用期应该包括在劳动合同期限内。《劳动合同法》第19条第4款中也明确规定：试用期包含在劳动合同的期限内。根据这两部法律的规定，我们可以看出，试用期存在的前提是劳资双方签订了劳动合同，倘若双方没有订立劳动合同，试用期当然也不可能存在，这样的用人方式显然是不合法的。

有些企业本来在劳动合同规范化执行方面已经很草率，还在试用期用人方面任性操作，觉得反正是试用期，你不符合我的要求，我随时可以让你走人。但这真的符合法律规定吗？真的不会出问题吗？我们一起来看看下面这个案例。

韩美美于2018年9月进入某科技公司做文秘工作，签了2年合同，试用期2个月。在试用期内，韩美美工作认真负责，不敢有丝毫懈怠，但是10月底，公司却终止了与她的劳动合同。韩美美很生气，不知道自己到底做错了什么，于是找到公司讨要说法，可人事部经理根本给不出合理的解释，还说出“既然还是在试用期，就像在商场买东西试用一样，不满意随时可以退货”这样的理由。听到这样的解释，韩美美气不打一处来，于是一纸诉状将公司告上法庭，要求对方赔偿自己的经济损失和精神损失3万元人民币。科技公司认为韩美美尚在试用期，公司有权随时与其解除劳动合同，韩美美所提出的赔偿纯属无理取闹，根本不合法。

经过审理，法院认为，科技公司在试用期用人方面存在重大过失，依照《民法典》相关规定，要求科技公司赔偿韩美美经济损失2万元人民币，并予以严重警告。

其实，很多企业在试用期问题上都是存在盲点的，觉得既然是试用期，不合适就可以随时解除劳动关系。事实上，依照我国《劳动合同法》第39条的规定，在试用期被证明不符合录用条件的，用人单位是可以解除劳动合同的。如果不符合录用条件，公司需要以相关的证据材料予以证明，比如员工的考核绩效不达标、工作表现太差、主管评语不佳等。倘若公司拿不出任何证明就强行终止与员工之间的劳动合同关系，而作为专业人士的人事部经理也拿不出一个合理的辞退意见，那么对于像韩美美这样的员工来说当然是不公平的。

根据法律条款，该公司显然是违反解除劳动合同流程规定的，单从这一点来说，韩美美就有权要求合法赔偿，该公司不但要赔偿，而且数目不小，至少要支付经济补偿金中的2倍标准。对于科技公司而言，钱的损失是一方面，最重要的是，因为这样的事情闹上法庭，对整个公司声誉的影响也是显而易见的。

其实，《劳动合同法》在近几年修正后，对试用期员工的保护力度加大，甚至比对正式员工的保护力度还要大，比如根据《劳动合同法》第21条、第40条的规定，企业在裁员的时候，是不可以裁减试用期员工的。如果用人单位没有在录用条件上对一些特定情况进行明确的话，我国的劳动法将更倾向于保护试用期员工。这对于试用期员工来说，无疑是一件好事，但对于企业合法用人来说，就一定要在自身的相关体制上进行优化。

举个例子：一个员工刚刚来到企业，其实企业是很难看清他的真实工作能力和工作态度的，倘若这个时候员工的状况真的不符合企业的要求，而法律却对其利益予以中肯保护，那对于企业而言岂不是要吃亏了？

其实想要解决这个问题非常简单，那就是企业要在用人条件上进行明确优化，员工应聘是要符合用人条件的，至少要能在基本条件上让企业认同，否则第一道门槛就过不去，也就谈不上后续的试用期合同条款了。这样便可以帮助企业规避很多用人风险。

招聘条件是人员招聘最基本的要求，人员入职以后，企业还可以根据岗位的职责和需求进一步细化录用条件。例如，对工作的量化考核以及相关的规章制度，对于试用期员工，企业还可以指定更为严格的绩效考核标准，这样就可以有效地对入职人员进行筛选，防止出现用人不当问题或用工纠纷。如果企业对试用期员工制定了明确的录用条件，最终员工没有达到要求，企业是有权利在试用期内与其解除劳动关系的，并且只要证据充分，根本不用支付任何补偿性质或赔偿性质的费用。

除此之外，签订正确的合同也是一个至关重要的环节。在司法实践中，为了避免与劳动者签订劳动合同，大量的用人单位往往会与招聘的劳动者签订一份单独的试用期合同，期限设定为3个月到6个月不等。在试用期合同期满以后，再灵活决定是否给予转正，让劳动者成为自己企业的正式员工。企业这么做大多是为了规避法律，在试用期试用最廉价的劳动力，认为这样到了解除劳动合同时，也就没有那么多的争议和负担了。但《劳动合同法》中有明确规定：劳动合同仅约定试用期的，试用期不成立，该期限为劳动合同期限。

那么，究竟该如何解决这个问题呢？实际上，单独的试用期合同是不受法律支持的，这样单独约定的行为只会给自己带来更多麻烦，如果一定要签试用期合同，就要把企业的用人需求和考核细则约定到合同里去，让整个合同条款尽可能丰满起来，这样做不但可以方便企业对试用期人员入职后的考评，还可以精准明确企业的要求，一旦双方在合同上对条款予以认同，这样的试用期合同就得到了法律的支持，有了真实的法律效力。有了这份保障，便可以先签合同后上岗，一旦对方不符合考核标准，便可以按照合同的约定解除劳动关系，即便是辞退对方，也不用承担任何赔偿责任。

企业规模越大，就越需要规范化，体制要规范化，用人安排上也要规范化，这样不但可以有效维护自身的运营安全，还可以有效维护自身的品牌声誉。从这一点来说，聘请法务顾问，系统地制定相关合同，不但能够有效保证企业的用人安全，还可以完善企业内部的法律体系。这样一来，即便问题发生了，企业方面也能够做到心里有一本明白账，面对条款明晰的合同，不管走到哪里，主动权都能够掌握在自己手里。

CHAPTER 4

| 第四章 |

制度高于一切：企业日常运营治理法律指南

随着经济社会的快速发展，我国的企业也在快速发展，并取得了一个又一个喜人的成果，然而在企业经营发展的过程中，也出现了很多新问题。在新时代的背景下，现代企业要想获得长远发展，首先要做的就是提高日常风险管理意识。正所谓工作无小事，企业日常管理看起来都是一些常见的事情，但倘若做不好，就会引起极大的波澜，甚至造成难以弥补的重大损失。而作为风险问题之一的法律风险的防范就显得尤为重要了。想要让企业拥有长足的发展，想要优化企业日常管理细节，首要的就是及时采取有效的防范对策，从而避免企业法律风险的产生，更好地推动企业快速、平稳、有条理地向前发展。

那么，什么是企业风险呢？所谓的企业风险，是指对企业目标实现造成负面影响的事件发生的可能性。企业风险往往是多元化的，企业在制定目标的过程中，总是会碰到各种各样的风险，这就要求企业管理者在日常管理中对存在的风险进行管理和把控。

企业日常管理就是通过分析企业的内外部风险，制定出系统的管理策略，在日常经营中将风险降到最低。企业风险管理框架要素主要包括内部环境、目标设定、风险识别、风险评估、风险应对、控制活动、信息和沟通、监控等日常管理中的其他重要环节。

在千变万化的市场中，企业要承担的风险日益增加，一个微小的变动没有注意到，就很容易引起轩然大波。由此可见，企业的良好运营离不开对法律风险的管控。一个合理的、可实际运用的法律管理体系可以说是整个企业发展的重要基础，也是企业能够长久运营下去的可靠保障。

挂羊头卖狗肉：与营业执照有关的法律风险及其控制

如同公民用身份证来证明自己的真实身份一样，一家企业同样有其身份证明，即营业执照。企业“身份证”与居民身份证不同的地方在于，企业的经营范围在营业执照办理阶段便会被明确，用以约束企业行为，总不能合法企业做任何生意都可以。

我们将自己的身份证转借给他人使用会产生相关的法律风险，而企业将自身的营业执照转借给他人使用同样须承担相应的法律责任。而且在法律上，这样的出借行为是不允许的。法律规范且约束着公民的行为，当公民的行为超出法律约束的行为范围，便会产生相关的法律风险。同样，企业超越自己经营范围的经营行为也需要承担与之相应的法律责任。

而在现实中遭遇此类法律风险的企业为数不少，如下面这个案例。

A公司因业务发展需要，进行建筑工程项目招标。A公司具有相关项目经验，计划投标，但其自身并无招标公告要求的资质。另一大型公司B有招标公告所要求的一级资质，但无任何相关项目操作经验。于是，为了中标，A公司找到B公司，欲以B公司的名义进行投标，项目施工由A公司具体完成，在此过程中，B公司可以积累项目经验，还可以赚取一定的收益。

该合作一举两得，双方一拍即合，签订了《服务协议》，约定由B公司进行投标，A公司向B公司提供项目管理及建设服务，并承担建筑工程的总承包责任，以一定幅度范围内的固定金额控制工程造价在中标价之下。简而言之，B公司中标后，将建筑工程转包给A公司实际操作，赚取工程造价与中标价之间的差价利润。

后来，B公司顺利中标，并将工程转包给了A公司。但由于双方在合作过程中产生了矛盾，以致工程实际造价远超中标价。随后，B公司认为A公司违背了约定，于是申请仲裁，请求A公司赔偿实际造价与控制造价之间的损失。

该案例属于典型的建筑工程挂靠案件，争议焦点为B公司与A公司所签订的《服务协议》是否具有法律效力，A公司是否需要赔偿B公司在工程建设中的损失。《民法典》第153条规定，违反法律、行政法规的强制性规定的民事法律行为无效。但是，该强制性规定不导致该民事法律行为无效的除外。《民法典》第791条第2款规定，承包人不得将其承包的全部建设工程转包给第三人，或者将其承包的全部建设工程肢解以后以分包的名义分别转包给第三人。

仲裁庭经审理后判定，《服务协议》明面上约定的是A公司向B公司提供相关的“技术服务”，实际上却是A公司借用B公司的资质投标，构成了“非法转包”行为，是以合法形式掩盖非法目的，企业双方均有过错，合同应属无效，双方应各自承担一半的损失责任。

在过去，类似该案例的合作纠纷普遍发生于建筑领域。如果项目进展顺利，合作各方相安无事，各自盈利；如若不幸出现了问题，各方在责任划分中会产生巨大的争议，一旦提请仲裁或诉讼，将会面临违反建筑行业法律、行政法规的强制性规定的风险。

对于中小企业而言，借助大企业资质投标承揽建筑工程看似是一条最能节约各项成本的捷径，实则埋藏着巨大的风险，一旦风险被引爆，对于小企业而言，高额的赔偿几乎是灭顶之灾；对于大型企业而言，向中小企业出借资质看起来是坐享其成且双赢的机会，但若项目爆雷，不仅要承担民事赔偿责任，还可能面临资质降级、行政罚款等处罚。若发生了重大责任事故，还需要承担相应的刑事责任。

营业执照是企业主体资格的证明，同居民身份证一样须谨慎保管，不能冒着法律风险随意转借给他人或其他企业使用。在有关企业营业执照的相关法律中，《中华人民共和国企业法人登记管理条例施行细则》第27条规定："登记主管机关核发的《企业法人营业执照》是企业取得法人资格和合法经营权的凭证。登记主管机关核发的《营业执照》是经营单位取得合法经营权的凭证。经营单位凭据《营业执照》可以刻制公章、开立银行账户，开展核准的经营范围以内的生产经营活动。"

在企业管理层面，尤其当企业经营规模扩大之后，应建立起营业执照的相关管理流程，由专人保管、审批使用，建立交接制度并严格执行，营业执照复印件需要标注具体用途，责任到人，严控随意使用营业执照及其复印件的现象。

在企业实际经营和发展过程中，与营业执照相关的法律风险是需要特别规避的，最为常见的便是企业挂靠经营风险和超越经营范围风险。

企业挂靠经营是指个人或企业借用其他单位的名义对外开展经营活动，但对内独立核算的经营行为。该行为通常表现为个人挂靠国有单位或集体单位，普遍发生于建筑领域中，有时企业的挂靠经营也表现为中小企业借用大型企业的资质投标，如上述案例中A公司借用B公司的资质进行工程投标。

企业超越经营范围是指企业超越其权利能力和行为能力的界限从事经营活动，类似于一个无民事行为能力或限制行为能力人超越自己的年龄与精神状况而去从事与自己年龄和精神状况不相称的活动。如果经营范围中涉及国家限制经营或特许经营的项目，企业未经批准或许可擅自经营，不仅行为无效，还可能面临行政处罚甚至刑事处罚的严重法律后果。

同时，如果个人或企业明知对方经营范围中无某项业务，仍与之进行该项业务的相关合作，一旦出现损害后果，也要根据过错程度承担相应的责任。不过，双方签订的合作协议是否有效，还需要根据实际情况再做判断。例如下面这个案例。

在一次交通事故中，严某的车辆严重受损，于是，严某委托A公司对其受损车辆进行拆解定损，虽然A公司具备该项业务的操作能力，但其营业执照核准范围并未包含拆解定损业务。严某与A公司签订《委托拆解定损授权书》之后，A公司按照约定对严某的受损车辆进行拆解，并向严某出具定损单，同时开具拆解定损总费用6万元人民币的付费单。严某在拆解定损付费单上确认签字，并同意向A公司支付拆解定损费用6万元人民币，但事后又觉得费用过高，自己吃了亏。双方在费用问题上协商不下，遂诉至法院。严某以A公司超越经营范围从事拆解定损业务为由，主张合同无效，请求无须向A公司支付拆解定损费用6万元人民币。

该案的争议焦点为A公司超越其经营范围与严某签订的《委托拆解定损授权书》是否有效，严某是否需要向A公司支付拆解定损费用。《民法典》第505条规定："当事人超越经营范围订立的合同的效力，应当依照本法第一编第六章第三节和本编的有关规定确定，不得仅以超越经营范围确认合同无效。"

根据《民法典》的上述规定，不得仅以超越经营范围为由确认合同无效。超越经营范围订立的合同，如果无法律规定的合同无效情形，该合同则被认定为有效。在上述案例中，虽然A公司的经营范围不包括拆解定损，但拆解定损并非法律法规规定的特许经营、禁止经营以及限制经营范围，A公司与严某签订的《委托拆解定损授权书》不存在其他导致合同无效的情形，故该合同有效。严某主张合同无效，缺乏法律依据，应向A公司支付拆解定损费用6万元人民币。

在日常经营中，企业除了需要注意避免挂靠经营风险和超越经营范围风险之外，还需要特别注意当企业决定不再经营时，及时去市场监督管理部门办理相关注销手续，尤其是个体工商户的经营者。将经营场所转卖或租赁给他人也暗藏着一定的法律风险。下面这个案例便事关经营场所的风险。

张某为永诺咖啡厅登记的经营者，但纪某为该咖啡厅的实际经营者。在纪某实际经营期间，永诺咖啡厅与毛某经营的调料经营部发生货物买卖，永诺咖啡厅拖欠毛某货款3万余元人民币，毛某多次催收，但纪某迟迟不付，毛某遂将张某和纪某共同诉至法院，要求二人共同支付所欠货款。

在庭审过程中，被告张某称，虽然其为永诺咖啡厅的登记经营者，但并不认识毛某，更没有与毛某发生过买卖关系。此前他与纪某协商一致，将咖啡厅全权承包给纪某经营，故纪某为咖啡厅的实际经营人，他不应该对该债务承担相关责任。对于张某的抗辩，法院未予采纳，最终判决张某和纪某共同对毛某的债务承担还款责任。

《最高人民法院关于适用〈中华人民共和国民事诉讼法〉的解释》第59条规定：在诉讼中，个体工商户以营业执照上登记的经营者为当事人。有字号的，以营业执照上登记的字号为当事人，但应同时注明该字号经营者的基本信息。营业执照上登记的经营者与实际经营者不一致的，以登记的经营者和实际经营者为共同诉讼人。

登记是个体工商户成立的必经程序——必须在市场监督管理部门登记之后才能对外营业，也是对外宣示其主体身份的方式。由于个体工商户不具有法人人格，因此其债权债务完全由其背后的经营者承担连带责任。在个体工商户老板将营业执照及营业场所转让或者出租给他人后，个体工商户与他人发生民事行为时，该行为的相对人会面临两个交易主体：一个是在市场监督管理部门登记的经营者，另一个是个体工商户的实际经营者。为了保护交易相对方的利益，法律规定个体工商户的登记经营者与实际经营者共同对该交易承担责任。

通过这个案例可知，个体工商户的经营者在转让、出租经营场所和营业执照时，一定要将个体工商户注销后才可由受让方重新注册，否则要共同对转让、出租后的债务承担连带责任。

无论是企业，还是个人，都应像保护个人身份证那样去保护营业执照。

认章还是认人：与印章有关的法律风险及其控制

2020年6月29日，广东省深圳市南山区人民法院公布了一份民事裁定书，内容为腾讯请求冻结和查封老干妈公司1624.06万元人民币的财产。一方是市值超4万亿元人民币的互联网巨头腾讯，另一方是依托辣酱圈粉无数的老干妈，这两家原本风马牛不相及的企业因该民事裁定书而被迅速推上新闻头条。

腾讯方面表示，此纠纷系老干妈在腾讯投放了千万级人民币进行品牌推广，腾讯已依约履行相关义务，但老干妈方面无视合同，长期拖欠款项，经多次催款无果，腾讯依法起诉。经法院裁定，腾讯的申请符合法律规定，对老干妈名下的企业账户进行冻结。

随后，老干妈发表声明，称从未与腾讯公司或授权他人与腾讯就“老干妈”品牌推广签署过合作协议，且从未与腾讯公司进行过任何商业合作。贵阳警方的通报证实了老干妈的声明。警方在通报中表示，在接受老干妈方面的报案后，已经初步查明，有3名不法分子伪造老干妈公司的印章，冒充老干妈市场经营部经理与腾讯公司签订了合作协议，目的是获取腾讯公司在推广活动中配套赠送的网络游戏礼包码，该礼包码可以通过互联网倒卖获取较高的经济利益。

最后，事情水落石出，是有人非法假冒老干妈公司的印章签订的合作协议，在此之前，老干妈从未与腾讯有过任何合作。这一番波折让两家公司

“不打不相识”，合同纠纷案件随即撤回，双方握手言和，并表示将来会进行合作。

“精明”如腾讯且有专业的法务团队都会在商务合作中出现严重失察的问题，被不法分子蒙骗，遭受巨额利益损失。由此可见，企业在印章的管理流程上应小心谨慎，把控好各个环节。

企业印章一般包括企业的法定名称章（公章），冠以企业法定名称的合同、财务、税务、发票等业务专用章，以及企业法定代表人和财务负责人的个人名章。在我国法律环境下，企业印章是代表企业行为的标志和证明，是企业处理内外部事务的印鉴，加盖公司公章的合同及各种文件即为做出了意思表示，发生了法律效力。同时，加盖公司公章也是区分法定代表人和工作人员实施的行为是个人行为还是职务行为的重要依据。

刻制印章应履行工商注册、公安批准等法定程序，保留刻制过程中的发票或收据，并在工商、税务、银行等机构“留一手”备案印章样式，以备出现假冒印章时进行比对“自证清白”。为防止假冒印章混淆视听，还可以在刻制印章时设置一些不易察觉的细微标记。在避免印章滥用的管控层面，企业还可以在公章之外，刻制部门专用章或业务专用章，这样做既可以明确内部用章责任，又可以限制对外责任范围，提高公章使用的严肃性以及减少对外承担概括性责任的风险。

在印章的保管环节，应指定专人保管。企业规模扩大了之后，还应设置最高的安全级别，至少指定2名专门人员保管，明确其保管职责，确保保管印章的场所安全、人员可靠、责任清晰。

需要特别注意的是，在司法实践中，许多公司出于各种原因，除了在公安机关、市场监督管理机关备案的公章以外，往往存有多套公章，甚至个别法定代表人还持有私刻的公章，在订立合同时恶意加盖非备案的公章或者假公章，一旦发生纠纷，公司往往会以合同中加盖的公章为假公章或者与备案公章不一致为由而主张合同无效。

针对真假公章引发的大量纠纷，为了统一裁判尺度，《九民纪要》[①]专门做出了相应规定。公章对于合同的效力主要表现为三个方面：一是判断合同成立的时间点，通常情况下，合同中加盖公章的时间即为合同成立的时间；二是确定合同行为法律后果的承担主体，合同中加盖公章，合同中的权利义务应当由公章显示的主体享有与承担，即合同行为的法律后果应当由公司承担；三是明晰借用公章各方责任的承担问题。

法定代表人或者其授权之人在合同上加盖法人公章的行为表明其是以法人名义签订合同，除《公司法》第16条[②]等法律对其职权有特别规定的情形外，应当由法人承担相应的法律后果。法人以法定代表人事后已无代表权、加盖的是假章、所盖之章与备案公章不一致等为由否定合同效力的，人民法院不予支持。代理人以被代理人名义签订合同，要取得合法授权。代理人取得合法授权后，以被代理人名义签订的合同应当由被代理人承担责任。被代理人以代理人事后已无代理权、加盖的是假章、所盖之章与备案公章不一致等为由否定合同效力的，人民法院同样不予支持。

《九民纪要》中还确立了“看人不看章”的裁判规则。在司法实践中，对于法定代表人或者代理人订立合同时恶意加盖了非备案公章或者假公章，发生纠纷后，法人以加盖的是假公章为由否定合同效力的情形，《九民纪要》第41条明确了基本裁判规则，即人民法院在审理案件时，应当主要审查

①《九民纪要》是《全国法院民商事审判工作会议纪要》的简称，2019年9月11日经最高人民法院审判委员会民事行政专业委员会第319次会议原则通过，旨在统一裁判思路，规范法官自由裁量权，增强民商事审判的公开性、透明性以及可预期性，涉及民商事最前沿、争议最集中的疑难问题，包括公司、合同、担保、金融、破产等绝大多数领域，共计12部分130条。由于该会议纪要为最高人民法院出台的第九个会议纪要，且内容聚焦民商事审判工作，因此又被称为《九民纪要》。

②《中华人民共和国公司法》第十六条：公司向其他企业投资或者为他人提供担保，依照公司章程的规定，由董事会或者股东会、股东大会决议；公司章程对投资或者担保的总额及单项投资或者担保的数额有限额规定的，不得超过规定的限额……

签约人于盖章之时有无代表权或者代理权，从而根据代表或者代理的相关规则来确定合同的效力，也就是所谓的“看人不看章”。

对于上述情形，最高人民法院明确解释为，只要合同中的签字是真实的，且签约人在盖章时具有代表权或者代理权，即使其在合同中加盖的公章是假章，或者能够证明假章是有代表权或者代理权的人加盖的，或者同意他人加盖的，该行为仍然属于公司行为，由公司承担法律后果。反之，如果盖章的人无代表权或者代理权，即便加盖的公章是真章，该合同仍然可能因为无代表权或者无代理权而最终被认定为无效。

公章之于合同的效力，关键在于加盖公章的人是否具有代表权或者代理权，而不在于公章的真假。合同中加盖的公章之真假对于合同效力的判断，实质上演化为如何认定盖章之人是否具有代表权或者代理权的问题，进而认定合同行为是否属于职务行为，公司是否应该承担合同行为的法律后果。

关于私刻公司印章的相关案子，鉴于各类案件在“认章还是认人”上存在一定的判定风险，公司法务人员需要结合案情实际情况进行判断，尤其是涉及授权销售、项目经理制等能够使用企业部分权力的情况，所牵涉的公章管理会更为复杂，例如下面这个案例。

某电器设备集团因业务发展，会与很多外部的项目经理进行合作，可以理解为部分业务进行了“外包”。在该电器设备集团与合作企业相关的业务中，该电器设备集团负责向合作企业提供电器设备，而项目经理人（承包方）刘某则负责具体事务谈判等，刘某本身与该电器设备集团并无劳动合同关系。但在业务往来过程中，刘某私刻该电器设备集团公章、财务专用章和法定代表人的印章，多次伪造授权委托书和收款收据，擅自领取银行承兑汇票（均系设备货款），从而将373.2万元人民币的票据金额占为己有。

无独有偶，刘某的同伴朱某也是该电器设备集团的项目经理人（承包方），在其推销该电器设备集团产品的业务过程中，使用私刻印章和法人印章伪造了银行承兑汇票，背书给第三方公司，将货款占为己有。

根据《刑法》第194条、第280条的规定，刘某、朱某的行为已涉嫌票据诈骗罪、伪造企业印章罪，该电器设备集团随即拟函请求公安机关立案侦查，依法追究二人的刑事责任。将员工私刻印章的行为换一种方式维权，与刑事案件挂钩，可以在更大程度上维护企业的合法利益。

在类似项目经理合作制的企业业务中，尤其是业务范围大的企业，在实际合作过程中可以直接和具体的个人绑定，减少与其背后的公司绑定。在大批“僵尸企业”充斥市场的环境中，中小企业资不抵债的情况时有发生，直接责任到人，方便后续追责，以此防范合作者以公司的有限责任为借口逃避个人债务。

在企业管理这门功课中，印章与营业执照同等重要，它们都能够对外代表企业的身份。在日常运营中，企业一旦在相关的文件、合同上加盖了企业印章，就被视为其对该文件、合同的认可，该文件、合同即产生法律效力。因而，企业自身应当健全印章的使用和管理制度，严格把控用章的审批手续，加强用章管理，避免产生不必要的法律纠纷。

司法实践表明，在大部分情况下，虽然私刻公章的人员会面临刑法处罚，但承担经济赔偿责任的往往还是企业。《最高人民法院关于在审理经济纠纷案件中涉及经济犯罪嫌疑若干问题的规定》第5条第2款规定，行为人私刻单位公章或者擅自使用单位公章、业务介绍信、盖有公章的空白合同书以签订经济合同的方法进行的犯罪行为，单位有明显过错，且该过错行为与被害人的经济损失之间具有因果关系的，单位对该犯罪行为所造成的经济损失，依法应当承担赔偿责任。

虽说法律遵循“认人不认章”的原则，但如果在实际工作中有一套严密的用章流程，可以在很大程度上规避类似风险的出现。在企业创始阶段，企业公章管理通常不会太复杂，所涉及事项也不会太细碎，但当企业规模越来越大时，便需要引入专业的法务人员来建立一套严格的企业公章管理制度和流程，规范企业公章的使用。

合理合法经营：与授权有关的法律风险及其控制

美国著名企业家、英特尔前CEO安迪·格鲁夫在谈到授权问题时，曾描绘过一个很有意思的画面：“我是你的上司，我手里拿着一支笔走进你的办公室，要求你来拿这支笔，你真的伸手来拿了，但我没轻易放手，然后开口说，为什么让你拿一支笔这么难？”这个场景很有真实体验感，让人仿佛身临其境，看到一个职业经理人递给其他人一支笔，而其他人怎么都拿不走，两个人同时握着这支笔，展开了拉锯战。

安迪·格鲁夫想传达的就是这样一个关于授权的画面。授权人和被授权人之间必须有相同的信息基础，同时在开展工作和解决问题上，有一套彼此认同的方法，这是两者关系建立的必要条件。同时，在授权动作发生后，授权人还需要监督整个过程，保证操作流程按照预期进行。

在与授权有关的企业运营中，企业可以称为一个组织机构，企业的经营活动通过每一个组织成员的行为得以落实，但企业成员的行为必须先经过企业的合理授权，才能有秩序地开展相关的经营活动，继而产生法律效力。在某种意义上，其实企业管理也是企业的授权管理，即把权力合理合法地委托给他人或机构代为执行。

组织中的不同层级有不同的职权，权限则会在不同的层级间流动，从而产生授权的问题。授权是组织运行的关键，它以人为对象，通常在广义上理解为上级将完成某项工作所必需的权力给到部属人员，是领导者通过为员工和下属提供更多的自主权以达到组织目标的过程。但主管将决策权移转给部属，只授予权力，并不托付完成该项工作的必要责任，这是授权的绝对原则。授权是管理的重要任务之一，而有效的授权是一项重要的管理技巧。

其实，自企业成立时起，其法定代表人便自动获得了法律授权，全面代表企业行为，无须再另行授权。法定代表人以外的其他企业成员则需要特定的授权才能代表企业行为，这种企业的内部授权一般分为岗位授权和业务授权两种情形。

由于企业组织内的每一位成员都承担着某一项特定的职能，这种特定的职能附着于特定的岗位，因此，特定岗位的职责描述就是该岗位员工履行职能的依据，本质就是企业的内部授权。一般来说，企业可以通过在章程中明确规定董事、经理等高级管理人员的权限，设置并公示他们的岗位职责，适度降低构成“表见代理”①的法律风险。同时，作为交易方，企业也要明确对方合作人员的岗位职责，避免与对方企业不相关岗位的员工进行交易，比如让财务部员工验收货物或让销售部员工验收入库等，以免发生纠纷时举证不力。

科学合理地设置岗位职责，对上下级岗位及同级相关岗位之间的权限进行清晰的职责划分，企业内部才能有序运营，才能在一定程度上规避对外业务中出现意思表示自相矛盾或不作为的情况。如果岗位职责设置重叠甚至空白、权限划分不清晰，企业内部就可能出现无效劳动或无人负责的情况，从而导致对外做出与企业原则相悖的行为，或是因员工不作为而引发劳动争议，致使企业承担法律责任。

岗位授权一般是相对稳定的静态授权，理想状态是各司其职、无缝衔

①表见代理是指虽然行为人事实上无代理权，但相对人有理由认为行为人有代理权而与其进行法律行为，其行为的法律后果由被代理人承担的代理。从广义上看，表见代理也是无权代理，但是为了保护善意第三人的信赖利益与交易的安全，法律强制被代理人承担其法律后果。

接，但企业的经营情况庞杂繁复且须随机应变，因此，在日常的岗位授权之外，还需要根据具体业务的需求临时授权或针对某一个项目专门授权。岗位授权一般自员工入职起生效，员工离职后失效，权限职责根据岗位职责描述而定；而业务授权则起于员工在职期间的某一个特定时点，终于员工离职或该项授权被明确撤销，权限职责根据特定的书面授权而定。

相对于岗位授权而言，业务授权一般是专门的动态授权，常发生于商业谈判和项目管理的场合中。只有经过业务授权，企业员工在商业谈判中做出的承诺、在项目管理中做出的指示、签署的文件等才具有法律效力。在商业谈判和项目管理过程中，企业人员的首要任务就是验证对方参与谈判的人员或项目管理人员是否有明确有效的书面授权，否则，谈判或项目工作实质上是无效的，甚至有可能导致违约或损害的发生。

由于业务授权是针对特定具体业务的专项授权，因此，企业不能笼统含糊地概括授权，而是应当有明确的授权期限和授权事项，以免被授权人超期或越权使用，构成“表见代理”，导致企业承担不必要的法律责任。

然而，企业作为一个市场主体，在经营活动中必然会与其他市场主体发生关系，有时需要通过其他市场主体做出某种行为或完成某种活动，这时就存在着对外授权。不同的授权会形成不同的法律关系，从而产生不同的法律责任。对外授权管理也是企业对外经营活动的一个组成部分，法律风险管理同样不能忽视。外部授权一般分为授权代理和授权经销两种情形。

授权代理是指企业授权其他企业，以该授权企业的名义进行销售或投标等经营活动，授权企业决定销售价格或投标报价、收取款项并承担责任，被授权企业通常被称为代理商，向授权企业收取代理费。在授权代理的业务合作中，双方企业确立了法律规定的委托代理关系，相关责任已划分清晰，被授权企业以授权企业的名义进行活动，行为后果均由授权企业承担，授权企业必须对被授权企业拥有较强的实际控制力，或被授权企业具有良好的市场信用，否则，对授权企业而言，具有极大的法律风险和商业风险。

授权经销则是指企业授权其他企业，以被授权企业的名义销售授权企业的产品，或在投标活动中使用授权企业的产品，被授权企业自主确定产品销售价格或投标报价，赚取销售价格或投标报价与授权企业对其销售价格之间的差价作为收益，并独立向其客户承担责任，被授权企业被称为经销商。在授权经销的业务合作中，被授权企业以其自身名义进行活动，行为后果由其自身承担，授权企业与被授权企业之间是买卖合同关系，不构成委托代理关系，各自独立承担责任。

授权经销一般适用于授权企业对被授权企业的信用状况不满意，或对被授权企业缺乏有效的控制手段的情况。对授权企业而言，授权经销的法律风险和商业风险都比授权代理要小。随着双方合作的持续深入，授权企业对被授权企业的信用状况逐渐满意，或对被授权企业的控制力逐渐增强，授权经销有可能发展为授权代理；反之，授权代理也有可能退化为授权经销。

在实际经营中，很多中小企业分不清授权代理与授权经销之间的区别，将二者混为一谈，甚至只知有授权代理而不知有授权经销。被授权企业从降低自身风险的角度出发，通常会“长个心眼儿”，倾向于做代理商，从而将自己与授权企业的关系确定为授权代理，并通过含糊不清的授权证书使得合作的第三人也认为是授权代理，构成“表见代理”，将自己的行为后果归责于授权企业。

这里建议企业除非明确希望其他合作企业成为自身的代理商，否则不要随意与其他企业签订《代理协议》，授予其他企业代理商的名义，以免在不知情的情况下，稀里糊涂地背“黑锅”，被迫承担“表见代理”的责任。企业应明确区分《代理协议》和《经销协议》，根据自身的真实意图选择签订。同时，在《经销协议》中，应明确被授权企业为经销商，授权企业与经销商并不构成代理关系。此外，给到经销商的授权证书应明确其为经销商证书，而不能称其为代理商证书，更不能笼统地称其为授权证书；而在给招标人的公函中还应明确为授权投标人使用自身的产品，而不能表述为授权投标人代理自己投标。

授权管理是业务系统中不可缺少的一部分，是企业管理的必要手段。不同的岗位职责需要进行不同的授权。组织或岗位的职责逐渐清晰，边界逐渐明确，会更贴合企业的整体管理制度。同时，授权管理能保障企业的数据安全。数据是企业的核心资产，其价值不可估量，规范不同权限能看到及操作不同的数据，可防止失误操作、人为破坏、数据泄露等意外发生。此外，授权管理在一定程度上还能提升工作效率，让系统管理和业务操作更简单、数据获取和分析处理更快捷。

千里之堤，毁于蚁穴。如若不对这些看似微不足道的经营细节加以关注，企业可能会在不经意间酿成巨大错误，承担法律风险。在日常运营中，企业必须牢牢把控营业执照、印章与授权这三个关键风险点，规避致命的风险敞口出现，有效地把运营风险控制在一定范围之内。

用制度去管人：依法依规制定企业制度

制度是企业的纲领，也是整个团体运营的灵魂，在企业发展过程中，倘若灵魂出了问题，整个运营就会因此出现动荡。由于缺乏体制的保护，在系统上没有核心的章法，员工在执行工作职能时便会缺乏明确的认知标准。如果整个体制漏洞百出，窟窿就会越来越大，时间长了，就会给不法分子可乘之机，企业不但会面临经济上的严重损失，很可能还会遭遇严重的生存危机。作为一名法务从业者，我见过不少这样的案例。企业在发展壮大的过程中，企业制度的制定很可能会跟不上企业发展的步伐，一旦体制与运营无法保持一致，问题就会一个又一个地扑面而来。

《劳动合同法》对企业规章制度的制定和效力已经做出了明确规定，制定完善且具有法律效力的企业规章制度是企业管理者的一项重要工作。合法有效的企业规章制度可以成为司法机关审理案件的重要依据，也就是说，企业的规章制度制定得越精准、越明确，就越能够受到法律的保护和支持，即便出现纠纷，也可以依照企业制度的相关细则予以认定和处理。

但是，很多企业在制定相关制度时却总是很懈怠，很多人觉得，这个细则那个条款不过是在做表面文章，最重要的核心内容还是经济效益。只要经济效益上没有问题，这些制度上的事情，要么就是搞表面文章，要么就一味迎合自己的需要，根本没把法律的相关规定考虑在内。因为秉持着这个思想，所以他们放弃了制度体系这道企业的保护屏障，等到真的出现问题的时候，才突然意识到，原来企业制度与法律之间竟然有这么多衔接，而一系列细则条款在法律面前竟然能够发挥如此重要的作用。

下面，我们一起来看一则案例。

> 某器械厂制定了新的规章制度，规定职工加班需要事先进行书面申报，并递交给人事部门备案，经人事部门审批同意后，才可以进行加班，如果不能完成这个流程，加班将被视作无效。尽管企业在制度上明确了加班规则，却没有经过职工代表大会审议通过。该器械厂很多车间职工为完成工作任务而加班，却没有拿到相应的加班费。于是，很多职工便以欠薪为由申请劳动仲裁，员工申请支付加班费的请求全部得到相关部门的支持。

这个案例的仲裁理由是《劳动合同法》第4条的规定：“用人单位在制定、修改或者决定有关劳动报酬、工作时间、休息休假、劳动安全卫生、保险福利、职工培训、劳动纪律以及劳动定额管理等直接涉及劳动者切身利益的规章制度或者重大事项时，应当经职工代表大会或者全体职工讨论，提出方案和意见，与工会或者职工代表平等协商确定。在规章制度和重大事项决定实施过程中，工会或者职工认为不适当的，有权向用人单位提出，通过协商予以修改完善。用人单位应当将直接涉及劳动者切身利益的规章制度和重大事项决定公示，或者告知劳动者。”

也就是说，如果企业没有依据法律程序制定规章制度，对涉及企业切身利益的制度不能依法进行讨论和协商就单方制定和实施不合理的规章制度，这些规章制度对劳动者是不能产生约束力的。通过该条文内容，我们可以看出法律对于企业制度制定的明确态度，如果一个企业的规章制度具有明确的法律效力，就必定能够有效形成对员工的约束力，而这样的约束力应当具备三个核心条件：（1）制度内容应符合法律规定；（2）制定和通过制度应经过民主程序；（3）一旦制度成立，应予以公示。

所谓内容要合法，说的就是企业的制度要符合法律条款的相关要求，以及法律的准则和规定。企业内部制定各种规章制度可以用来规范劳动者的行为，确保企业能够正常运行。但企业制定规章制度必须确保合法有效。否则不但起不到保证经营管理的作用，还可能会给自己带来更大的麻烦。如果法律没有明确规定，或是明令禁止这样的制度行为，企业却明知山有虎偏向虎山行，感觉自己一系列内容制定得非常有道理，但真到了法律面前，只能干瞪眼，一点劲都使不上。就这一点来说，但凡有管理智慧的企业，都要对制度细节进行反复推敲，在不违反法律规定的前提下，优化完善自身的制度体系，这才是自身体制良性运行的明智之举。

企业新制定的规章制度还要经过民主程序认定。现在，国家层面都在讲求民主，企业制度制定也要讲求民主，倘若没有经过企业劳动者的集体认同，就想当然地在制度中植入霸王条款，强硬要求所有劳动者按照自己的想法行事，丝毫不考虑员工的想法和需要，对于企业内部劳动者来说，这样的制度内容是根本没有约束力的。所谓民主程序，主要指的是讨论程序和协商确定程序。讨论程序指的是全体员工或代表讨论规章制度草案，全体员工和代表在这个环节可以提出自己的建议和方案，经过协商确定，最终体制程序确立。企业与工会或员工协商确定规章制度的文本，在双方对文本内容无冲突意见、对所协商的内容全部予以认同的情况下，企业的相关制度才能真正予以确立。

最后一个环节就是公告程序。根据《劳动合同法》第4条第4款的规定，用人单位应当将直接涉及劳动者切身利益的规章制度和重大事项决定进行公示，或者告知劳动者。也就是说，企业需要用这样的方法，力求让所有劳动者都知晓并认同其中的细则。一旦公示期满，劳动者对企业制度细则没有异议，那就意味着彼此的遵从关系成立，企业内的所有劳动者都必须遵从企业制度，不能随意违背、违反和挑衅。

在实务中，很多企业根据自己单位的规章制度处理员工，本来一切都名正言顺、严丝合缝，可就是因为最后一步没做好，拿不出制度公示的证据，也没有让员工在确认书上签字，结果折腾了一圈，企业制度还是被法院认定为无效制度，企业还因此承担了相应的法律责任，到头来，有苦说不出。

企业要想让自己制定的规章制度有效，上述三点是必经之路，而如何在必经之路上将思想进一步推进，赢得员工的认同，就需要另外下一番功夫了。

从这一点来说，聘请专业的法务顾问总比自己冥思苦想来得更有实际价值，法务人员可以通过自己的专业能力，帮助企业推行制度。不论是民主程序，还是后续的公示流程，相关流程所涉及的法务细则都相当烦琐，如何让企业制度符合法律，如何让其作用生效，每一个细则都需要认真推敲，对于企业领导来说，或许这一切都是第一次，但对于法务顾问来说，这很可能就是其工作中每天都会遇到的常见问题。常见与不常见的区别在于解决问题的角度和方式，对于一个企业而言，以最佳的路径方式推进制度才是推动企业生存和成长的明智之举。

CHAPTER 5

| 第五章 |

经济全球化：外贸企业法律风险问题

外贸型企业在出口业务中发生风险主要是由于没有遵守国际贸易的相关法律规则，比如法律、法规、规章、国际条约、惯例等的规定，从而产生如法律制裁、处罚以及经济损失等不利后果。其中法律风险主要有收汇法律风险、刑事法律风险、行政处罚法律风险以及民事赔偿法律风险。

此外，我发现，在国际货物买卖合同的纠纷案件审理中，很多国内企业对进出口贸易中的风险预估不足，特别是在出口贸易中，低价竞争、恶性竞争的情况时有发生。很多国内企业对进出口贸易中可能存在的政策、经济、金融、运输、计算等风险缺乏认识和了解，也没有全面完整的合同意识和证据意识，一旦发生纠纷，往往就会付出惨痛的代价。

其实，国际贸易中所涉及的主体是多元化的，外国买家、外国买家的代理商、中间商、实际付款人、出口代理人等都有可能成为国内生产商出口交易的相对方。如果在交易刚开始时就对其中的主体角色缺乏辨别意识，在合同方式上也没有明确的认定，等到争议发生时，很可能会造成责任的推诿，到那个时候，自己应该告谁、责任方是谁都是一笔糊涂账。因此，在出口之前，国内生产商就应该对外销合同或订单进行仔细的认证和考量，在合同中明确买方身份，以免后续发生问题时根本找不到可以追究责任的人。

改革开放以来，我国民营企业在稳定增长、促进创新、增加就业、改善民生等方面发挥了举足轻重的作用，它们在外贸交易中占有举足轻重的位置，也是产生法律纠纷最多的群体。如何切实有效地保护自己的法律权益，降低外贸运营风险，将成为后续民营企业关注的核心问题。

客随主便：企业国际化涉及的法律问题

2005年3月22日，英国路伟国际律师事务所公布了《中国100强企业法律风险报告》，该报告通过对企业诸多因素的系统分析，综合评定出一个企业风险评分值。从中国百强企业和世界财富百强企业的对比数据来看，国际化程度越高的企业，其风险评分值越高，涉及中国境内的企业法律风险也远远低于企业在境外开展业务的法律风险。

这里要说明的是，法律风险评分值高并不是一件好事，这意味着企业面临的法律风险也高，随之而来的就是投入风险控制的费用相应增高。但法律风险评分值较高也并不意味着该企业将会因此而遭受巨额损失，只要企业能够提前聘请法律顾问，对相关的法务内容做好准备和规避，即便法律风险评分值高，也一样可以发展成为一个非常成功的企业。

早在20世纪90年代时，海尔企业便开始在海外投资建厂，在世界很多地方都有自己的投资，这是因为当时进行国际化布局的企业尚少，如此大手笔的开拓者更是屈指可数，法律风险的防控措施及参照细则都还处于摸索阶段。在这样的大背景下，作为迈向国际化的先头企业，海尔所要担负的法律风险可想而知。在这个过程中，海尔的法律顾问智囊团发挥了至关重要的作用，不论是国际法律条例分析，还是合同书的起草和拟订，抑或对外法律关系的互动和沟通，所有的法务准备都做得漂亮而又充分。

最终，果断的尝试加上充足的准备，帮助这个“高风险”企业在国际投资市场上实现了平稳过渡。迄今为止，海尔已经实施了多个大规模的国际并购项目，比如收购境外研发中心和生产基地，以及全球销售网络等。从世界角度而言，如今的海尔已是一个非常成熟的“国际投资者”了。

收购美国通用电气家电业务是海尔境外投资史上最大的一次并购，交易总金额达54亿美元，被视为海尔国际化进程中最重要、最关键的一步。这一收购交易还创下了中国家电企业海外收购之最。

通用电气家电业务总部位于美国肯塔基州路易斯维尔市，公司拥有大约1.2万名员工，其中96%的员工在美国。截止到2015年9月30日，通用电气家电业务未经审计的账面资产为18.92亿美元。规模如此庞大的收购项目，除制定完美的商务谈判草案外，还进行了艰难却效果显著的法务沟通，经过精准的协议互动，最终双方达成共识，作为交易的一部分，海尔可以继续使用通用电气的家电品牌，向整个市场出售产品。同时，海尔与通用电气签署了合作谅解备忘录，双方将在工业互联网、医疗、制造等多个领域进行合作。

这无疑是个成功的收购案例。但中国企业在境外的投资也有很多失败的案例，失败的原因多数是由于草率上马，在没有进行充分准备和不了解国际市场的情况下就贸然出手。从这一点来说，即便企业的法律风险评分值较低，也并不代表该企业不会因为法律风险而遭受经济损失。

随着中国企业国际化趋势的不断增强，中国企业所面临的法律风险评分的总值会不断增加，《中国100强企业法律风险报告》预测，中国企业所面临的法律风险评分值的中间值每年都会上升至少2～3分，这意味着10年以后中国100强企业的法律风险评分值中间值将达到欧盟的水平，也就是说，法律风险评分值将会比现在高出很多。

此外，报告还称，除非中国企业主动制定并实施一套完备的法律风险防控措施，否则在此后的若干年里，很多大型国有企业都将经受法律风险所带来的经济损失和其他不利后果。也就是说，因为法律疏漏所带来的经济利益损失很可能远远超出我们的预料，这也必将给迈向国际化的中国企业造成致命的打击。

事实也确实如此，自2004年以来，中国企业所遭遇的一系列重大事件，比如中航油（新加坡）巨额亏损、长虹—APEX贸易纠纷案、中国人寿在美国被投资者集体诉讼案、华为—思科知识产权诉讼案、海信商标被抢注案等，都是前车之鉴。按照一位国际企业法律顾问的话说：“在国际化市场法律风险的战场上，中国企业好像还需要很充分的正规训练。因为在战略上缺乏准备，装备上又没有新武器，所以只要一遇到麻烦，很可能就是一个不小的麻烦。”

下面，我们通过一个涉及国际商业纠纷的真实案例来对其进行分析。

2004年，中化国际以5.6亿美元独资收购韩国仁川炼油公司。在签署的排他性的两个备忘录中，中方没有增加任何附加条款来限制对方再次提价。当时仁川炼油公司已经负债3年多，濒临破产，债权人想要赶快将公司出售出去。而随着国际油价的持续上涨，包括花旗银行在内的债权人都认为，除了中化国际，其他人也会对仁川炼油公司有一定的收购意向。

果然，就在收购似乎已经尘埃落定的时候，韩国方面突然变卦，表示仁川炼油公司的中小债权人对中化国际的开价产生了争议，要求将原收购价格抬高。

2005年1月31日，在仁川大法院召开的债权人表决大会上，由于仁川公司最大债权人花旗银行的反对，中化国际收购仁川炼油公司的项目遭遇阻碍，最终未予通过。而且，花旗银行开出7.7亿美元的价格收购仁川炼油公司，比中化集团的5.6亿美元整整高出了2.1亿美元。中化集团承受不了这一价格，并购失败。最终，韩国仁川炼油公司被韩国SK集团收购。

明明谈好的事情，到了交割的时候却吃了哑巴亏，最核心的问题就在于中化集团法律风险管控工作没有做到位。很多朋友问我，为什么中国企业的海外投资风险这么大，其中最重要的问题究竟是什么？

究其原因，主要包括两个方面的因素：第一，境外市场是依照法律规则运行的自由市场，中国企业海外投资建厂需要依赖外国法律和商业合同规范自己的经营活动；第二，中国企业要从观念上进行改革，因为对法律规则和依照合同履约的重视程度不够，对国际性交易所面临的法律问题和法律风险的了解也非常有限，导致在大型交易的过程中，没有建立起有效的法律评估和预防机制，最终在交易过程中出现重大疏漏，导致交易失败，企业也可能付出惨痛的代价。

事实上，如果中国企业能够认真做好海外收购过程中的风险管理，很多问题都是可以提前避免的。假如企业能够找到一位专业的法律顾问，完全可以规避掉潜在的风险和漏洞，让企业的资本运营和并购计划多一分胜算。

总而言之，境外投资是一项非常复杂的系统工程，国际并购市场上精明而成熟的投资者需要牢牢把握市场规则，管控好其间可能出现的一系列法律风险，对可能出现的问题进行深入研究，同时根据项目的需要，配备专业化的法律顾问团队，唯有如此，才能降低项目风险，有效保证企业在国际化运营过程中的安全，让企业在获得利益的同时，为自我防护加上一层双保险。

合法更要合规：企业合规问题须知

2018年，当我看到国务院国资委发布的《中央企业合规管理指引（试行）》时，内心很受触动。对于一个从事公司法务工作多年的人而言，这一天来得意外又漫长。之所以说漫长，是因为企业的合规管理工作已经在主要发达国家存在了30多年，而过去很长一段时间，在我们国家只有那些有国际业务的企业和在华投资（合作）公司在做；说意外，是因为从2016年初国务院国资委在5家央企搞试点工作，到2018年正式发文提出具体要求，只有2年多的时间。各地的国资委也在纷纷跟进，出台了具有针对性的国有企业合规管理文件。

通读《中央企业合规管理指引（试行）》整个文件，其指导总则在于合规管理的具体搭建、运行，条理清晰、重点明确。在这里，我不想对内容做赘述，只想结合自己的法律经验和工作实务，为大家梳理出一些实际存在的状况和问题，帮助更多的企业在合规道路上规避不必要的风险和错误，让企业的发展之路走得更加平稳、政策更具执行力。

对于合规这件事，中国企业曾经走过一段很艰辛的路程。我们先来看看下面的案例。

2016年3月8日，美国商务部指控中兴通讯涉嫌违反美国对伊朗的出口管制政策，决定对中兴通讯提出三项指控，包括串谋非法出口、阻挠司法以及向联邦调查人员做出虚假陈述。

事实上，早在2012年，美国政府就对中兴通讯进行了立案调查，但直到2016年，美国商务部工业与安全局才正式将中兴通讯以及其他3家关联公司列入自己的“实体名单”，并采取了具体管制措施。在长达4年多的时间里，中兴通讯在应对美国政府调查的过程中出现了很多失误。在美国有关部门对中兴通讯启动调查之前，因为中兴通讯对贸易管制的合规完全不了解，所以没有采取任何应对措施。2012年3月，美国得克萨斯州法院最先向中兴通讯在美国的子公司发出传召函，对中兴通讯进行立案调查。此前，中兴通讯法务部于2009年就预计公司将在出口贸易中面临严重风险，于2011年8月25日向公司领导递交了《关于全面整顿和规范公司出口管制相关业务的报告》，后来又应领导要求制订了《进出口管制风险规避方案》。只可惜这两份文件都没有得到具体落实，而更令人遗憾的是，最终这两份文件都落入了美国政府手中，成为中兴通讯有意违反美国出口管制政策的证据。

2014年，中兴通讯的一位高管去美国时在机场遭遇扣押，美方从与高管同行的秘书的电脑里发现了涉及“规避方案”的两份文件。

2016年，中兴通讯向美国政府提出和解，美国政府聘用第三方进驻中兴通讯企业内部进行调查。由于担心其他信息被泄露，在调查的过程中，中兴通讯试图对相关信息进行隐瞒，这导致美方对中兴通讯产生了不信任感。最终，美国政府对中兴通讯提出上述三项指控，并据此判决中兴通讯支付约8.9亿美元的罚金。

这一事件成了中兴通讯重塑合规管理体系的重要契机。调查事件以后，中兴通讯将合规管理提升到了新的高度，成立了自己的合规管理委员会，并将其与法律部门进行有效分离，以保证合规部门的独立性，并于2016年11月聘请资深律师担任中兴通讯的首席出口合规官和法律顾问。

经过中国多方的艰苦努力，加以巨额的罚金、保证中兴通讯董事会和管理层限期更换，以及合规监管等条件，最终中兴于2018年换来了美国的解禁。

所谓合规，毫无疑问就是要符合相应的规矩，顺应地方的管控。那么，对于合规这件事，我们到底应该注意什么呢？首先，要看清自己的交易对象和地域限制。倘若自己的交易对象与地方有冲突和矛盾，最好权衡利弊之后再做决定，要不然，你在人家的地界上，做人家明令禁止的事情，那不是挑衅吗？所以对待这件事，我们先要把对方相应的政策条例搞清楚，《出口管制条例》中究竟哪些是明令禁止的、哪些是不可以谈条件的、哪些踩上去就是一片雷的，唯有把这些内容都考虑进去，生意才能做得平稳，才不至于遭遇法律风险和巨大的经济损失。

其次，要重视物项性质，也就是说，在企业国际化经营的过程中，除了要注意出口国别和交易对象的限制，还要重视交易物项使用目的的限制。倘若你所交易的物品是对方国家明令禁止的，那么，毫无疑问，你将很快被列在对方调查的黑名单上，这对于企业的发展甚至企业的生命都是严峻的考验。

最后，要及时关注反规避风险。当前，有不少企业采取在第三国加工的运营方式进行风险规避，而这常常会招致对方的厌恶和反感。本来觉得这样做可以成功规避风险、摆脱关税，殊不知，这些都是反规避调查针对的重点行为。一旦被对方抓住了证据，所要付出的代价将是相当惨痛的。

当然，除以上几个基本点外，合规要注意的其他内容也相当庞杂。它需要我们提前对合规事项进行全面了解，制订出一个相对严谨的计划。综合自身的业务体量、业务规模、行业属性、供应链模式，以及与对应国家的关联度和依赖程度等因素，全方位地进行评估和优化，根据相应的问题建立健全自身的合规管理体系，这样才能在日益复杂的国际化经营过程中，最大限度地规避风险，最终即便遭遇风险，也可以降低损失额度。

外汇：国际贸易资金风险

随着“一带一路”建设的深入推进，中国企业“走出去”的步伐在不断加快，资产规模不断扩大，投资形式也更加丰富。商务部、国家统计局和国家外汇管理局联合发布的《2020年度中国对外直接投资统计公报》显示，2020年，中国对外直接投资1537.1亿美元，同比增长12.3%，流量规模首次位居全球第一。截至2020年底，中国对外直接投资存量约为2.58万亿美元，取得了令人瞩目的成绩。随着中国企业“走出去”的规模持续扩大，中国企业面临着更为复杂的外部环境，海外风险事件时有发生，这给“走出去”的中国企业带来了不同程度的利益损失和经济损失，也给它们今后的发展带来了深远影响。

从经济的角度而言，外贸型企业在出口业务中存在的最大风险就是收汇的风险。该风险主要是在相关出口合同的履行过程中，由企业合同本身约定不利或履行过程中操作不当引发的。如果采取行动不当，会直接导致商品出口无法按照预先的设想或约定收回预期货款。一旦资金出现风险和回流停滞，会导致企业在运营上出现危机，甚至面临整个财务体系的瘫痪，还很有可能在财务危机的压力下遭遇生存挑战。我们一起来看看下面这个案例。

国内A公司经中间人介绍，与加拿大B公司进行了友好沟通，并与对方签订了一份出口合同。合同约定，A公司要把货物送到B公司在肯尼亚的分公司，B公司会指派专门人员到肯尼亚接货。B公司联系人邮件确认后，由加拿大总公司对A公司的货物统一付款。付款时间约定在60天内。

于是，A公司履行合同，向B公司发送了第一批货，在发送第一批货物期间，B公司又追加了另外一批货。而当A公司开始催要第一批货的货款时，对方回复自己正在申请VISA，货款要到加拿大公司去支付，并要求A公司将第二批货的单据一起交给B公司联系人，由该联系人一起安排付款。

之后，A公司一再催要货款，而B公司却多次拖延付款，后来称B公司的CEO因遇到严重的交通事故导致手脚都断了，暂时无法安排这件事，再后来，又称该CEO在事故中不幸丧生，公司陷入混乱，不能安排款项。这时，A公司意识到事情不妙，立即利用多条渠道对该客户进行调查，发现对方声称的肯尼亚分公司地址是正确的，但在当地根本找不到这家公司，于是只好向中国国际刑警组织报案，寻求法律援助。

在上述案例中，国内出口商不明真相，也没有对国外公司的情况予以核实，在草率签约的同时又急于求成，在对方的诱惑下盲目发货。

针对这样的情况，我建议，企业在交易时要选择一个尽可能安全的付款方式，不要刻意追求速度，一时冲动选择了高风险付款方式，意味着企业所要承担的风险也在提高。倘若对方连信用证都没拿出来，你就把钱交出去，一旦遇到居心叵测的对象，企业将面临巨大损失。

再者是要谨慎选择贸易伙伴。《孙子兵法》说得好："知己知彼，百战不殆。"想要促成生意，至少要先看清楚交易对象的品质。在行动之前，先利用多条渠道了解对方的资信情况，比如这家公司的具体位置、真实的联络方式、综合实力、对外贸易信用指数、公司存在的年限、在业务领域具备哪些资历等，然后采取相应的方式与该公司核实情况，确定订单信息是否属实。倘若觉得其中存在隐患，切不可贸然行动。

最后就是出现问题的补救措施。一旦糟糕的情况已经发生，隐患已经出现，就该考虑如何及时运用法律武器为企业维权了。这时，先要稳定好情绪，理性地看待问题，切不可急躁行事。可以聘请专业的律师帮助自己完善维权细节，比如及时向中国国际刑警组织递交报案申请，并委派相关人员到货物所在地办理货物退运和转运，尽可能地将自身损失降到最低。

从事法律工作以来，我发现，很多企业在“走出去”时，在信用风险管理上是空白的，既没有英文版合同，对合同条款内容的认定也不够明确，所以在诉诸法律时还存在争议，以至于很难做出准确判断。此外，很多企业还存在以下问题：赊销策略制定的随意性所带来的风险和隐患；销售员工的流动性大导致造成死单，给后续的债务追偿带来困难；缺乏有效了解客户的途径，在交易前无法获取对方充足的信用信息，最终遭受应收账款未收到的损失。而企业“走出去”，还可能会遭遇骗局。我列举几种常见的骗局，供大家参考。

1.海关圈套

买家在交易的时候不还价，在货物验收的时候不签单，为的就是熬过那几个月的生死线。因为通常在3个月后，对方海关有权对货物进行拍卖，客户就可以以低廉的价格进行购买。对于此类诈骗，建议卖家将货物预付款提高到30%以上，并抓住中间的关键时机，尽早解决收款的问题。

2.信用证的“奥妙”

很多买家故意以各种方式在办理信用证时造成延误，最终导致银行拒付。之所以这么做，是因为信用证付款日期被延误所造成的“运期延误”是由卖方来买单的。

3.老客户突然破产

本来双方一直都有合作关系，觉得一切万无一失，但“明枪易躲，暗箭难防”。买方眼看濒临破产，还狠狠地向卖方进一批货，等到对方打电话催要货款时，便迟迟不回复。最后卖方才发现，这家企业已经破产了，货款根本无从追索，到头来，巨额的损失只能由自己来承担。

此外，以我个人从事公司法务工作的具体操作经验而言，控制收汇风险的最佳方式是选择适当、合理的结算方式。汇付、托收及信用证是目前对外贸易中普遍采用的三种结算方式。从风险管控的角度来看，目前，对外贸易中风险最低的结算方式为电汇方式，其次是跟单信用证方式，再次是承兑交单方式，最后风险最大的就是货后的电汇方式。选择最佳的收汇方式不但能够有效提升自身利益的安全指数，还可以有效防控不法行为，为自己的国际贸易安全加上一层双保险。

最后也是最重要的就是尽可能开具相关的独立保函。什么是独立保函呢？从概念上来说，独立保函是一种新型信用担保方式，不同于传统的从属性保函，独立保函具有相应的独立性、不可撤销性，能够最大限度地保证基础交易和交易方的利益，这也是它在国际贸易中备受推崇的原因。

独立保函是指担保人应申请人的委托，保证在受益人于保函受益有效期内提出索款要求，并递交符合保函规定的书面文件和单据后，即向受益人履行保函约定项下付款责任的一种独立于基础交易合同的书面形式保证。在该保证项下，当受益人递交书面的付款要求以及保函规定的其他单据后，担保人或者出具人即有义务进行付款，而不以基础交易中被担保人是否违约而转移。这样一来，不但大幅降低了买方的资金风险，还有效保障了交易落地实施。

由此看来，想要保障企业在国际贸易中的资金安全，其中的学问还真是不少，可惜的是，很多企业在运作交易的时候，没有全面了解其中的法律风险，只是一味地想要尽快完成交易，以至于最终掉进了别人挖好的陷阱中却浑然不觉。所以，与其到最后后悔，不如提前找一位专业人士了解情况，建立策略，完善好交易合同的细节，做好自己的法律措施准备，唯有如此，才不至于在国际贸易的征途上走冤枉路。

合同：外贸合同的订立

如果说，外贸企业的出口犹如一场漫长的马拉松比赛，那么签订规范性的合同就好比一次成功的起跑，而履行合同的过程就是长跑过程中努力拼搏的过程。但凡能到达终点，都是一次圆满的胜利。倘若合同出了问题，那么，后续所带来的问题和风险很可能远远超出我们的预料。

合同是国际贸易中买卖双方对责任、权利、义务、费用和风险的明确划分，所有的一切都要落实在合同条款上。只要双方一签字，合同即刻就具有法律效力。如果企业真的想将国际贸易稳定且低风险地做下去，那么，制定一份完善的合同，就成为整个运作流程中最为关键的一步。在这个过程中，我们需要准确、深刻地理解每一个条款，反复推敲交易磋商的内容，尽可能全面保证合同的严密性，如若出现问题，我们可以及时与对方进行交涉沟通，及时对合同的细则进行优化。毫无疑问，这项工作绝对是一个精细活，需要操作人员具备扎实的进出口相关知识、丰富的实战操作经验，在精通语言的同时，又能做到精通国际贸易惯例等国际法律知识。

想要设计一份完整的出口合同，首先需要对交易的各个环节、各个要件做出明确规定。下面这些内容都是制定合同过程中非常重要的内容：各条款之间以及条款和管理之间所产生的联系是怎样的；如何优化合同中的细则；如何明确双方的需求和所要履行的职责和义务；在互利平等的前提下，买卖双方彼此之间的制约条款是什么。

除此之外，当双方还处于洽谈阶段时，更细致周到的工作将会成为完善合同的重要前提。其中，合同制定是绝对不容忽视的，一份措辞得当的合同，可以有效降低贸易往来中的潜在风险，提升交易中的安全屏障性能，所以在合同制定的过程中，文字陈述要尽可能做到科学、灵活、严密和完整。

在开展对外贸易时，很多企业总是一味地将眼光放在经济效益上，只要经济收益可观，便草率地采取行动，根本没有认真研究过合同的条款和细则，结果货发出去了，不但没有赚到钱，反而给自己造成了一系列损失。面对这样的结果，想要申辩，又面临多重的语言障碍。这时才想到拿来合同好好看看，对比着文字一分析，发现整个合同文本中漏洞百出，这时候再想翻盘，胜算微乎其微，最终只能是吃一堑长一智。

作为一名法务工作者，我见过很多这样的案例。明明觉得是一桩好生意，到头来却是竹篮打水一场空，赔了夫人又折兵。很多企业领导面对惨痛的结果，紧锁眉头，悔恨不已。我们一起来看看下面这则案例，希望能通过这则案例给大家打一个预防针，在签订外贸合同时提高警惕。

某中国公司与一家美国客户谈妥了一笔外商指定工厂生产的化工品的出口业务，双方正式签订外贸合同，规定20天内装运，价格条件：FOB①上海。同时，外商指定了一家船运公司作为承运人。因为成交价格相当不错，所以该中国公司的业务员便毫不犹豫地和买家签订了合同。但之后联系供货的厂家，得知该厂的这一产品在国际市场相当畅销，接到的订单已经排到了两个月以后，所以根本不可能在20天内顺利交货。于是，该公司便与买家协商，希望能够延期交货，或者改为其他厂家的产品。客户方面无法接受中国公司开出的变更条件，中国公司只好高价从另外一家外贸公司手上买了一

①FOB：Free On Board，船上交货价，亦称离岸价，国际贸易术语。当货物在指定的装运港越过船舷，卖方即完成交货。这意味着买方必须从该点起承担货物灭失或损坏的一切风险。此外，卖方必须办理货物出口相关手续。本术语仅适用于海运或内河运输。

批合同所要求的货物来履行合同。结果在签订合同时，本来预算有利可得，但后来为了履行合同，反而亏损了几千美金，虽然勉强挽回了信誉，但最终这桩生意还是赔钱的。

根据我国《民法典》第484条关于承诺生效时间的规定，以通知方式做出的承诺，生效时间适用本法第137条的规定。承诺不需要通知的，根据交易习惯或者要约的要求做出承诺的行为时生效。而《民法典》第137条关于相对人的意思表示生效时间认定中，以对话方式做出的意思表示，相对人知道其内容时生效。也就是说，一旦双方对合同达成一致，签署承诺，这份合同就已经有了履行时间上的法律效力。双方应该秉持彼此认定的合同条款履行义务，违约者将要承担相应的违约责任。

国际货物买卖合同的成立可以说是双方当事人意思表示一致的结果。当一方提出的要约被另一方承诺的时候，合同便即时宣告成立。要约是要约人向一个或者一个以上的特定方提出的以拟订买卖合同为目的的意思表示。其所要履行的承诺是受要约人同意订立该合同的意思表示。因英美法系和大陆法系在要约与承诺的问题上存在着分歧，故在合同起草过程中就需要拟订人付出大量的努力来调和双方在这两个问题上的争议和分歧。而从国际贸易合同订立的步骤来看，主要被划分为询盘、发盘、还盘、接受四个重大板块。

先来说说询盘。询盘，又称询价，指的是一方向另外一方提出关于交易条件的询问。在这个过程中，我们可以只询问价格，也可以询问其他合同条款的交易事项，直至要求对方发盘，即询问全部的交易条件，在实际业务中，多半是由买方主动发出询盘。

再者是发盘，也就是国际贸易中常说的发价，在法律上有个学名叫作“要约”，说的是一方向对方提出各项交易条件，并按照这些条件与对方达成交易及订立合同的一种肯定表示。

完成了发盘以后，就到了还盘环节，也就是我们俗称的还价，说的是受盘人对发盘内容不完全同意而提出相应修改或变更的意向和表示。还盘既是受盘人对发盘人的拒绝，也是受盘人以发盘人的地位提出的新发盘。一方的发盘经对方还盘以后，便即刻失去效力，除非得到原发盘人同意，受盘人不得擅自对还盘内容进行反悔，再接受原发盘。

最后是接受环节，在法律上，这便成为双方将要履行的“承诺”，是买方或卖方同意对方在发盘中提出的交易条件，愿意按此与对方达成最终的交易并拟订相应的商贸合同，这是一种认同和肯定的表示。一方的发盘经另一方接受，交易即告达成，双方应当分别履行各自的合同义务，保证在彼此承诺的约定下整个过程能顺利完成。

由此可见，国际贸易合同在整个国际进出口贸易中起着至关重要的作用，其中有太多细则需要认真推敲。而在拟订合同、做出承诺的过程中，能否将自己的观点、要求、流程中所要履行的义务和细节严谨、完整地表达出来，直接决定着在履行外贸协议过程中所要承担的风险系数的高低，一定要精准而小心，一旦出了不该出现的错误，所要承担的代价和后果很可能会远远超出本来应该承受的范围。

外贸企业税务管理

以前，做外贸的企业为了少交增值税款，有时会购买一些增值税专用发票来抵进项税。比如明明做了服装生意，却用机械行业的发票来抵税，这也算不上是什么新鲜事，但放到现在，这种做法就相当危险了。一旦被发现，不仅要缴抵扣的税款，还会受到巨额罚款，以及要缴纳每天万分之五的税收滞纳金。如果情况严重，还可能直接被税务局人员约过去查账，承担相应的刑事责任。

按照《刑法》第153条的规定，走私货物、物品偷逃应缴税额在5万元（人民币）以上不满15万元（人民币）的，处3年以下有期徒刑或者拘役，并处偷逃应缴税额1倍以上5倍以下罚金。走私货物、物品偷逃应缴税额在15万元（人民币）以上不满50万元（人民币）的，处3年以上10年以下有期徒刑，并处偷逃应缴税额1倍以上5倍以下罚金；情节特别严重的，处10年以上有期徒刑或者无期徒刑，并处偷逃应缴税额1倍以上5倍以下罚金或者没收财产。走私货物、物品偷逃应缴税额在50万元（人民币）以上的，处10年以上有期徒刑或者无期徒刑，并处偷逃应缴税额1倍以上5倍以下罚金或者没收财产；情节特别严重的，处无期徒刑，并处没收财产。单位犯前款罪的，对单位判处罚金，并对其直接负责的主管人员和其他直接责任人员处3年以下有期徒刑或者拘役；情节严重的，处3年以上10年以下有期徒刑；情节特别严重的，处10年以上有期徒刑。对多次走私未经处理的，按照累计走私货物、物品的偷逃应缴税款额处罚。

此外，根据《中华人民共和国税收征收管理法》第63条的规定，纳税人伪造、变造、隐匿、擅自销毁账簿、记账凭证，或者在账簿上多列支出或者不列、少列收入，或者经税务机关通知申报而拒不申报或者进行虚假的纳税申报，不缴或者少缴应纳税款的，是偷税。对纳税人偷税的，由税务机关追缴其不缴或者少缴的税款、滞纳金，并处不缴或者少缴的税款50%以上5倍以下的罚款；构成犯罪的，依法追究刑事责任。扣缴义务人采取前款所列手段，不缴或者少缴已扣、已收税款，由税务机关追缴其不缴或者少缴的税款、滞纳金，并处不缴或者少缴的税款50%以上5倍以下的罚款；构成犯罪的，依法追究刑事责任。

由此可见，对于外贸企业偷漏税，没有严格进行自我税务管理这件事，国家法律的态度是相当严厉的，轻则罚款，重则判刑。从理论上来说，偷漏税这种不正当的行为看似是经济问题，实则是对整个国家税法安全的挑衅。一旦触及这层底线，问题就相当严重了。

下面我们一起看看这则案例。

2019年，广东某市公安局侦破了一起特大虚开增值税专用发票骗税案件，涉案资金高达45亿元人民币。经初步查明，2016年4月至2017年1月，犯罪嫌疑人杨某等人通过茂名市某商贸有限公司等9家公司先后与2501家企业利用虚构贸易签订虚假购销合同，提供和虚开票证，伪造虚假交易流水等不正当手段，将“货款”通过公转私的方式多次进行非法转账、化整为零予以提现或者回流。除此之外，该团伙还大肆虚开增值税专用发票，用于片区出口退税。此案涉及资金重大，情节相当严重，杨某等人被依法逮捕，等待他们的将是巨额的罚款和严厉的法律惩罚。

此案是通过“四配”出口骗税的方式在发票问题上顶风作案。所谓“四配”出口骗税，是指不法分子将他人真实发生但不申报退税的出口报关单信息以非法手段实施配单（信息）、配票、配货、配收汇等配比申报出口退税凭证，以此骗取出口退税的违法行为。通常来说，该手法是不法分子将他人不满足退税条件的真实出口业务单据信息转嫁到有进出口经营权企业的名下，套用其中的空白出口报关单信息，虚构国外客户，伪造出口合同，匹配虚假收款资金流，同时操控虚开增值税专用发票，然后整合成表面完整的退税资料，并申报片区的出口退税。这样的作案情节是相当严重的，依照我国《刑法》的相关规定，犯罪嫌疑人将会受到从重的处罚，并承担相应的刑事责任。

时代在不断向前进步，国家的税务系统也在悄无声息地更迭着，以前的系统只能识别发票上的一些基本信息，比如金额、税号等，但现在的金三系统就像装了人工智能的大脑，将逐一实时采集、存储、查验、对比发票的全要素信息。现在国税局使用的金三系统采用的是大数据评估和云计算，其功能的强大早已远远超出我们的想象。

举个例子来说，假如你的企业本来登记经营的是服装，却开具了钢材的发票，或是1月到11月都是从广州进货，突然12月跑到浙江进货了，又或者一直做的是零售产业，却突然批发销售大量货物了，这些进项发票与销项发票之间的信息是根本不相关的，不但地址不一致、数量不一致，信息上也存在很大误差，而这些小动作都会被税务机关通过强大的系统功能轻而易举地查出来，成为发票预警的对象。一旦发现问题，国家有关部门便会快速采取行动。很可能你还没来得及反应，传票就已经发到你手里了。

不仅如此，现在开票软件已经增加了商品编码，单位编码也很快会被录入进来。别小看这个细节，商品品目可是由商品编码控制的，商品数量由单位编码控制，一旦两者都被监控管制，金三系统将直接掌握企业的库存状况，并计算出商品增值额、库存存量额，这样一来，想逃增值税比登天还难。

由此可见，作为外贸企业，偷税漏税的事情最好不要干，想要将企业经营好，首先要加强自己的税务管理体系，将自己的税务体制健全起来，有效利用税务软件，力求将每一笔账目标注清楚，这样即便面临查账，每一笔款项也能做到有法可依、有据可循。当条理分明的账目和流畅的税务报表呈现在税务部门眼前时，无须刻意解释便足以说明一切。

就税务管理而言，聘请专业的法务顾问也是一个重要的环节。法务顾问可以帮助企业快速厘清思路，了解税务的底线究竟在哪里，在财务运作时，规避那些可能踩到的雷区，以及制定清晰的财务报表，精准地优化财务流程和系统，建立健全财务体制。有了这些内容作为保障，在面对金三系统时，便不会有怯弱和恐惧的心理。

企业不但可以用这些工具有效地保护自己，还可以用它们来更进一步优化自身的运营机制，这不但是对企业自身负责，也是对国家的税务法律负责。只有企业的民事法律行为与税务法律法规之间不存在冲突和分歧，后续的生意才能越做越顺，发展之路才会越走越宽、越走越远。

CHAPTER 6

|第六章|

企业的花钱与赚钱：采购、销售与物流的风险管控

很多人经常将核心企业和规模企业的概念混为一谈，他们想当然地认为，规模大的就是核心企业，但事实上，问题并不是这么简单。只有在链条上掌控了品牌以及核心技术，核心企业才算拿到了最重要的通关资格证，而掌握品牌及核心技术的直接体现就是产品的竞争力和制度的规范性，而从这个意义上来说，规模大算不上其中的重要议题。相比之下，对企业而言，流畅的供应链远比所谓的规模来得更实际、更有价值。

较为完善的供应链体系整合度较高，资金流转在供应链业务中形成了精准的闭环，这样一来，供应链企业才可以通过对各环节的跟踪管理来控制供应链金融风险。同时，这也要求供应链从采购、生产、销售到仓储物流的各个环节在涉及的贸易业务领域上具有较高的关联度，对于同一领域的业务能够形成联系紧密、配合顺畅的合作关系；而一旦供应链企业关联度降低，融资环节出现缺口，造成风险不可控，很可能就会对企业经营造成重大影响。

之前的生产都是纵向一体化，但凡能够自己做的，企业都事必躬亲，而现在的供应链流程可以说切入了多个环节，想要所有环节都由自己完成几乎是不可能的，也正是这个原因，成就了链条上的核心企业。谁能把控流程的通畅，谁就从某种角度上把控了商机。但其中也是存在法律风险的，很多企业因为各种原因而纠纷不断，本来认为能赚钱的买卖，由于在细节流程上疏于防范，最终造成了难以弥补的重大损失。

我们从这一点可以看出，供应链的本质就是一个“链”字，如何将其中的流程打通、如何规避其间可能产生的法律争议和风险、如何在法律的保障下更好地优化运营将成为企业后续要关注的重要议题。

买进和卖出：交易风险控制

我们的生活由多种关系共同组成，如家庭关系、婚姻关系、商业关系等，其中商业关系占据着极大的部分。我们可以把商业关系看作交易关系。无论我们是否愿意相信，真实的我们每天都活在这样一个中性的“交易关系”之中，每天会有无数种交易（买卖）关系生成，如个人对个人、个人对企业、企业对企业……在这繁杂的交易中，个人与个人以及企业与企业之间的交易关系有着怎样的区别，它们之间最标新立异的特点又有哪些呢？

想要回答这个问题，便要从交易关系的复杂性进行分析。个人之间的买卖关系往往要比企业之间的买卖关系单一，买卖关系的建立是个人的主体行为，买卖成交后，银行兑付的也是个人的账户，不存在复杂的税赋问题。

个人交易一旦出现问题，责任由个人承担，交易成功后产生的收益也归个人所有，所牵涉的税赋问题并不复杂，而且很重要的一点是，个人交易所牵涉的数额一般不会很大，责任主体也非常明确。

在个人交易过程中，如果你发现对方名下有公司，哪怕对方公司的利润再丰厚，你也只能针对他个人而不是针对他的企业进行交易。因为交易主体的差异，对方并不是以企业法人的名义与你签订的合同，追究起责任来，对方的企业是没有半点关系的。

企业之间的买卖则略有不同，虽然企业有法定代表人作为总负责人，但买卖关系是以企业的名义成立的，在交易过程中，银行兑付的账户是企业对公账户，所牵涉的税赋问题也较为复杂。一旦出现问题，即便是企业破产，企业法人也应以其资产承担相应的责任。当然，根据企业种类的不同，企业法人所承担的责任也有所不同。此类交易主要针对企业，如若企业资金枯竭，无法支付后续的债务，也就只能以公开拍卖等方式弥补债务损失了。

从个人与个人、企业与企业交易关系的差别中可以看出，签署合同的核心是将负责人的落款看清楚，明确对方签合同时的角色，看对方是以公司法人的名义还是以个人的名义来签署的，个别交易合同中还需注意有没有质押物，以及质押物的真正所有者是谁。

建立交易关系通常都会伴有风险，尤其是企业与企业之间的交易，所牵涉的交易额通常是非常大的，涉及的风险更是巨大，光是物流（货物运转）环节的风险就非常多，而且这些风险不可控，只能在一定程度上进行预防。至于在具体实践中到底该以怎样的模式去规避风险，只能通过专业的法律顾问来参与相关事务，在前期风险控制流程中进行规避。

在实际生活中，虽然下面的情形很极端，但的确会存在。甲方向乙方采购货物，乙方注意到甲方开着豪车、住着豪宅，便先入为主地认为甲方的个人经济实力雄厚，本着“人情”原则，在签订合同时未就详细条款进行约定和明确，结果几桩交易达成之后，甲方突然说：“我没钱了，货款暂时无法给到你。”乙方便将甲方一纸诉状送上法庭，结果甲方毫无惧色：“我是以公司名义跟你签订的买卖合同，按照法律规定，我个人的财产是不能算在里面的。现在公司账户上没钱，你想拍卖就拍卖，想破产就破产，你与公司之间的纠纷就这么处理，公司破产，我企业法人的身份也被取消了。”

这样的情形在一定情况和条件下的确是可能成立的。遇到这样的情形，即便乙方再生气，也拿甲方没办法。交易关系本就是中立属性，不偏不倚，在与他人建立交易关系时，个人切莫加入主观情感，而是要将具体条款落实在白纸黑字上。风险规避也须本着这个原则，这有点像老话说的，“害人之心不可有，防人之心不可无”，等到风险发生，一切就都为时已晚了。

上述“极端情形”是个人与企业之间交易关系建立之后可能出现的风险，企业与企业之间建立交易关系面临的风险更复杂。企业与企业之间交易关系的建立大致涉及采购、销售、物流三个环节，每个环节都存在非常多的风险。在交易过程中，倘若我们不能在合同上将责、权和具体细节予以确认，一旦出现问题，即便找到了一个非常优秀的律师，最终也只能苦楚自知。

下面我们通过一个真实的案例，切实感受一下企业与企业之间交易风险的复杂性。

安徽省某机械公司于2010年1月26日与广东省某塑料制品公司订立合同。双方约定，塑料制品公司从机械公司购入塑料粒子机5台，合同履行期为2011年1月1日。同时约定，塑料制品公司于2010年6月12日预付货款2万元人民币。塑料粒子机的价格拟订为每台8000元人民币，以交付时的市场价格减去每台150元人民币作为参考价确定，以双方达成最后确认价格的协议为准。

2010年6月12日，塑料制品公司依约预付2万元人民币货款给机械公司。2010年12月28日，塑料粒子机的价格突降至每台7300元人民币以下，这使机械公司不但无利可图，甚至不足以支付生产成本。

2011年1月1日，机械公司致电塑料制品公司称，依天津市场价格，须以每台8000元人民币交货。塑料制品公司回电：“价格过高，无法接受。须依上海市场价格每台7000元人民币交付，1月20日交货。”双方反复协商不能达成协议。塑料制品公司遂将机械公司诉至法庭，要求其以每台7000元人民币的价格履行合同或者双倍返还定金。机械公司则认为，订立合同之时条款已经非常明晰，应按照最初的合同履约。

本案争议的主要问题在于原告与被告之间的塑料粒子机购销合同是否成立，也就是双方最早订立的合同中的价格条款是否存在可执行性的问题。从法律的角度来看，《民法典》第509条规定，当事人应当按照约定全面履行自己的义务。当事人应当遵循诚信原则，根据合同的性质、目的和交易习惯履行通知、协助、保密等义务。当事人在履行合同过程中，应当避免浪费资源、污染环境和破坏生态。也就是说，倘若双方在合同上没有明确标注变更条款，那么即便最终你赔钱，也得按照最初订立的合同履约，所涉及的法律责任无余地也无情面可讲。

上述案例所涉及的交易风险在合同订立期间便可以规避，而且这只是很普通的交易关系，作为普通人的我们通过常理也能进行判定。但现实状况谁也无法预料，如果货物在交付货物的运输过程中损毁算谁的？货物已到达交货地点，搬运过程中损毁算谁的？货物运达之后，货物出问题算谁的？

一旦涉及大宗货物交易，所牵涉的风险几乎是指数级上升，销售、采购、物流、交付、确认收货等环节可能会出现的问题都需要在合同订立期间考虑进去，而且订立合同须本着“合作双赢”的精神，不能说所有条款都有利于我方，在实践中肯定会就一些条款进行多次商议。这期间的“拉扯”一不注意就会“埋雷”，这时候便能够体现一个专业法务人员的重要性了，尤其是在订立“大合同”时，更是需要有专业的法务人员介入，因为长期的法务训练能够让他们在很大程度上规避风险。

无论是企业，还是个人，在与他者建立交易关系时，但凡涉及合同订立，便要精谈细节，认清责任，接受风险，达成共识，最终拟定合同。只要合同的条款不与法律冲突，那么从签订合同的那一刻起，彼此间的法律关系也就建立了，自此，双方按照合同约定各司其职、遵照合同履约即可。如若不然，即便一方有再多的“合理理由”，法律也不会买账的，原因很简单——证据，不是你的理想。

企业与企业之间的交易关系一旦建立，不论是采购、销售，还是物流，只要每一个环节都能够以准确的条约为依据，制定好合同的相关条款，就等于为自己加了一重保险。从字面意义来理解，采购即买进商品，销售即卖出产品，物流即链接买卖之间，担负包装和运输的使命。不同的门槛，不同的生意，不同的利益诉求，唯有交易双方将各自的责、权划分清晰，才能切实有效地规避风险。

针对整体流程或单个环节，通常会有不同的细分流程。采购通常会遵循以下细分流程：确定需求、编制采购计划、查询行情、确定货源、选择供应商、询价议价、订单处理、确定付款方式、合同（协议）签署、跟催货物、货物验收和付款。销售会遵循以下细分流程：开发潜在客户、确定意向客户、发现客户需求、匹配客户需求、最终达成意向、签署合同或订单、提供售后服务。物流则是根据实际需要，以最低的成本将运输、仓储、装卸、搬运、包装、流通、加工、配送、交付等功能结合起来，最终实现用户需求的过程。

在实际操作过程中，具体执行层面还是要依靠个人去推动，上述环节几乎都涉及询价议价流程，凡大额交易，在询价议价流程中升高或降低一个百分点，所牵涉的金额便极大，如若交易双方的具体对接人有私心，便会妨害企业的利益，而且此类风险发生的概率极大。站在企业的层面来考虑，这样的风险只能靠制度和流程去规避，即便是有完备的制度和流程的企业，此类风险也时常发生。

风险只能被规避，谁也无法做到万无一失，即便规避之后风险还是会发生，但完备的流程和制度会在总量层面减少此类风险的发生，这也是公司法务人员关注的重点，前期制定流程制度时需要将所有可能会出现的风险点考虑进去。

最后要说的是，法律面前容不得半点疏忽，与其事后纠缠不清，不如在前置流程中将所有细节梳理清楚，一旦需要形成书面文字，便一定要谨慎对待，这也是企业在签订合同时大都需要法务人员介入的主要原因——签字确认之后便具备法律效力了，且无法更改。

流程优势：采购、销售与物流的流程搭建

如今，好像所有事情都在追求流程化，企业与企业之间的交易更是有着一套严密的流程，因为在长久的实践过程中，人们发现以“人”去推动事件发展，不可控的风险会增多，此时人们便引入一套完备的流程制度，利用流程制度去推动事件的发展，风险便会大幅降低。

就采购、销售、物流这三者而言，流程始终都是很分明的，一个买，一个卖，一个负责中间货物的运输，不同的环节做不同的事情，只要配合默契，便皆大欢喜。这个时候，倘若彼此之间的流程细节不明确，且在订立合同时没有明晰细节，等到风险出现、推论责任时，昔日肝胆相照的生意伙伴很可能会瞬间反目成仇。大家都不愿意承担责任，合同上的责任又不分明，作为法务从业人员，这是我们最不愿意看到的情况。

下面，我们通过一个案例来具体分析。

中国某化工进出口公司与美国波士顿一家化学制品公司按照FOB条件签订了一份化工原料的买卖合同。化工进出口公司须在规定的装运期届满前委托物流公司将货物装上开往美国波士顿化学制品公司的轮船，并保证在装船检验时货物品质都是合格的。但因海上风浪太大，货物拖延了两天才到港（交货地点），当货物到了交货地点，买方进行检验的时候，发现货物品质存在问题，有一部分货物因结块而品质下降。

经过调查确认，原来这是货物包装不良引起的问题。包装不良导致货物吸收了空气中的水分，以至于本应该是颗粒状的原料结晶成了硬块。于是，美国波士顿化学制品公司便委托中国的律师向该化工进出口公司提出索赔。但化工进出口公司也是一肚子委屈：按照协议的规定，若交货的时候货物是完好的，运输环节出了问题，肯定是物流公司的责任，为什么将全部责任归于我方？既然如此，我方也要进行维权。

于是，化工进出口公司也提起了诉讼，要求物流公司赔偿自己的损失。物流公司自然不同意这样的责任认定，他们认为，因为海上风浪大，所以出现了货物交付问题，但也不能将所有责任都算在自己头上，因为出货的时候包装便有所疏漏。三方就这样打起了“罗圈架”，谁都觉得自己有道理。三方各自聘请的律师围绕责、权问题，多次进行沟通却未就此达成共识，最终，法院的判决结果出乎所有人的意料。

上述案例出现的这种状况是采购、销售、物流三方都不愿意看到的结果。作为公司法务从业人员，我认为，其实上述案例中出现的结果在合同签署阶段便能够进行规避，在审定合同的具体条款时，一些细节应提前考虑到，责任承担问题也需要在合同条款中明确说明。出现问题的解决方式是什么？当产品出现问题时，不同的情况分别该由谁来负责？如果这些内容在合同中都有明确的规定，自然不会出现“三方推诿”的结果。

企业在订立合同阶段，流程大都是机械式的，具体对接人员大都缺少专业的法务训练，以至于在合同签署阶段未就一些细则条款认真细致地进行推敲。不同的职场分工导致员工各自的主要任务也不同。作为销售人员，他们将注意力更多地聚焦在交易达成以及收益上自然无可厚非，但在此过程中还需要将一部分注意力分配到“签订合同”环节，“只要能够接大单，合同不过是个形式”的想法是非常危险的。倘若所有合同模板都只是立足于形式，对方会将更多的有利条件划归己方，如果此时未就内容进行细致推敲，真到出了麻烦的时候再来划分责任，很多事情就讲不清楚了。其实这也能从侧面显示出专业法务人员的重要作用，术业有专攻，很多时候，法务人员的工作便是同这些细节打交道，这也是大多数企业凡签署合同必经法务部门审定的原因。

我国《民法典》第604条明确指出，标的物毁损、灭失的风险，在标的物交付之前由出卖人承担，交付之后由买受人承担，但是法律另有规定或者当事人另有约定的除外。《民法典》第606条指出，出卖人出卖交由承运人运输的在途标的物，除当事人另有约定外，毁损、灭失的风险自合同成立时起由买受人承担。

《民法典》第615条指出，出卖人应当按照约定的质量要求交付标的物。出卖人提供有关标的物质量说明的，交付的标的物应当符合该说明的质量要求。

《民法典》第616条规定，当事人对标的物的质量要求没有约定或者约定不明确，依据本法第510条的规定仍不能确定的，适用本法第511条第一项的规定。

《民法典》第511条规定，当事人就有关合同内容约定不明确，依据前条规定仍不能确定的，适用下列规定：（一）质量要求不明确的，按照强制性国家标准履行；没有强制性国家标准的，按照推荐性国家标准履行；没有推荐性国家标准的，按照行业标准履行；没有国家标准、行业标准的，按照通常标准或者符合合同目的的特定标准履行……

由此我们可以明了法律的态度，并不是对商业流程进行清晰的标注。而就责任认定来说，如果买受人在合同上没有将损失一栏的内容与对方敲定，那么就要承担所有风险和责任。这里最关键的是要看三方的合同上对流程责任、义务及特殊条款的认定情况。这个时候，倘若企业能够以维护自身利益为基准，敲定好另行约定的解决办法，就能掌握更多的主动权。

由此不难看出，针对企业在不同位置的运作流程而言，我们首先要看清的就是国家在《民法典》中针对流程细节所传达的态度，只有将这些细节把握清楚，才能更精准地构建出有利于自己的合同细则和条款，才能知道自己该做什么——承担什么、防范什么、坚持什么，也才能将自己的意思准确地传递给对方，让对方明确自己的态度，知晓自己所要担负的责任。

这里还需要注意的是，设置流程和订立条款并不是为了“好用”，而是为了“有用”。这个时候，倘若我们在一些流程细节上觉得不太有把握，可就此向专业的法务人员进行咨询。受过长期法务训练的人员必定能够以专业的态度，将流程以及合同中的一些风险点看清楚、搞清楚、做清楚、编排清楚，如此才能在降低风险的同时，促进交易顺利达成。

小心无大错：采购、销售与物流的风险控制

提及风险控制，首先要考量的是我们对自我位置的认知以及对履行责任和义务的把握。很多企业在生意面前过于注重收益，对收益背后自己所要承担的风险大都“选择性屏蔽”，因未就风险点进行规避，故一旦出现问题，后果大都是企业难以承担的。

从这一点来说，我们最需要的就是利用法律提高自己对风险管控的认识，将风险控制在自己能够承受的限度之内，这也是我们着重强调搭建流程的原因。无论是对自己而言，还是对企业运营而言，风险前置规避流程都是必不可少的。

或许有人会说：“我又不是诸葛亮，没有未卜先知的能力。能够做到防范风险稳赚不赔的人都是高人，但高人也知道风险越大、收益越大的道理。”这话有一定的道理，就风险规避而言，就算是“聪明人”，也照样会出问题，而“老实人”只要将条款落实好，照样能旱涝保收，其中的差别就在于谁能够提前预知风险并规避风险，谁就更有可能在赚取高收益的同时不出问题。

就商业风险来说，企业越大，越容易遭遇风险，由于没有细化流程、经营理念落后等原因，很多发展势头极好的企业突然就翻了船。随着此类情况的不断出现，很多企业在业绩上升期间便会果断引入专业的法务人员对企业面临的风险进行规避及控制。

下面，我们通过一个具体案例和大家分析企业交易环节风险控制的重要性。

辽宁某轮胎集团有限责任公司在质量索赔管理上出现了一个漏洞，这个漏洞让该集团付出了惨痛的代价。到底发生了什么事呢？原来该公司规定，其生产的轮胎在运送至全国各地的销售分公司后，如果采购方或用户在使用过程中发现轮胎质量有问题，便可以将产品退回集团总部或各地分公司，在交付一部分磨损费用之后，可以直接换取新的轮胎。若是距离集团总部较远的分公司收到有质量问题的轮胎，分公司可以在当地折价销售，由集团公司向分公司补足差额部分。

结果这项规定便被不法分子钻了空子，轮胎企业驻某地经营处很快就成了质量胎理赔大户，涉及款项巨大。企业花费极大的精力才找出问题的症结，原来自己在对质量胎的销售处理模式上存在漏洞，这才给了对方可乘之机，不到半年的时间，这一细小的疏漏便导致企业直接损失了3856万元人民币。

小小的一个漏洞所要担负的直接经济损失如此巨大，就算此时寻求法律的保护，要耗费的时间和精力也必然是很多的。还有，面对此类后果，即便是怀疑对方暗箱操作，也需要通过大量的证据来证明。

从企业的视角来看，如果这些细则不能提前行之有效地加以认定，便只能耗费大量精力去处理后续所带来的一系列麻烦。

采购和物流环节所要承担的风险指数与销售环节大体是相当的。在具体操作过程中，倘若只顾眼前，没有防范意识，不知道对风险进行规避，当面临这样或那样的问题时，便只能耗费大量的人力、物力去补救。就拿采购来说，买了东西，你的验货时间是否明确体现在了合同上？一旦货物存在包装问题、变质问题或其他质量问题，该由谁来承担主要责任？法律上的相关条款对此是怎样认定的？彼此之间的买卖关系应该遵循怎样的原则？什么时间提出异议可以受到法律保护？为了降低自身风险，合同双方是否有另外的条款约定？在买卖关系尚未成立之前，这一系列条款都需要考虑清楚，尤其是涉及企业与企业之间的交易关系，所涉及的款项通常会非常大，更须谨慎对待。

就物流环节而言，在接收货物、装卸货物、运输货物等环节中，己方所要承担的义务和风险是什么？谁承担装卸的责任？一旦出现事故，理赔方是谁？彼此要担负的责任是什么？交接出现问题怎么办？怎样及时进行检验？一旦检出产品出现加工、分拣、包装之类的问题，责任应如何认定？有没有可能提前认定保险机制？这一系列内容都需要趁早做准备，一旦过程中出现问题，至少我们手中还有一份责任分明的合同，有了书面上的有效说明，再去面对风险的时候，大脑思路就会非常清晰，白纸黑字，谁想推脱、谁想变更都不受法律支持。

企业经营者在斟酌采购、销售、物流的相关细则时，一定不能掉以轻心，对于风险点在哪里、保障在哪里、该怎么做，心里一定要有一笔明白账，更多的时候，我们要将专业的事情交给专业的人去做。真到了要去法院解决问题的地步，大家都会针对自己的利益进行辩护，谁在合同中将责任条款写得最清楚，谁就可以对自己的利益有更细致的把控。

商业时代，大多数“冒险家”都为自己的鲁莽付出过惨痛的代价，聪明人之所以聪明，很多时候只不过是他们多想了一些而已，将自己的义务和责任落实到文字上，即便遇到突发事件，也能处变不惊，或许这是我们确保收益最有效的方式。因为足够周密，所以足够安全。

法律对每一位公民都是平等的，越是深入了解，越是能够良性地运用它，当一切条款伴随着清晰的思路，用白纸黑字呈现在纸稿上，即便是再会辩驳的人，也应该无话可说了吧！在实际操作层面，其实风险控制没有什么特别艰难的地方，只需要我们在具体操作环节能够做到多想一步、将细节落实即可。

白纸黑字：采购、销售与物流的合同须知

采购、销售与物流的风险控制落实到具体操作层面，无非是在合同上更清楚、更明晰地将一些风险以约定的形式具象化。谈买卖是大事，订立合同也不是小事，合同里清晰记录着双方所有要经历的商业流程的约定，当你将自己的名字签署在上面时，说明你已经知悉了合同中的流程以及自己所要承担的义务和责任。合同生效之日便是双方的责任和义务达成之时，合同中的所有条款即刻具备法律效力，受法律的支持、监督和保护。

企业层面对合同重要性的认知大都足够清晰，在与客户进行交易的过程中，能够深刻领会到合同在交易过程中发挥的作用。大多数企业在合同订立之前会聘请有经验的法务顾问草拟合同，尽可能地将自己的责任、义务划分清楚，并为自己争取最大利益。

但个别企业尤其是初创企业，在自身发展的起始阶段，对这一方面却不够重视，等到风险业已发生，再去弥补大都为时已晚。商业合同的很多条款会随着时代的发展而稍显陈旧，这是不言而喻的，一个固定的合同模板根本无法紧跟时代的步伐，而有些合同因内容过于空泛，在概念和思路上都不够精准、清晰，最终出了问题，企业自己都说不清楚。

不仅如此，采购、销售、物流等环节都需要明确的合同去加以约定，因合同细则不够清晰，在道义上占理却未得到法律支持的案例在实际生活中不胜枚举。例如，根据相关条款，如若合同本身便存在法律问题，即便在交易环节中己方遭受了重大损失，一旦法院认定合同无效并予以驳回，也无济

于事。

现在，我们通过一个案例来进行分析。

甲公司与乙公司签订了一份从境外购买免税香烟并运往国内销售的合同。甲公司遵照双方约定的合同时间，将香烟按期运送到了国内，此时的乙公司在提走货物以后，却迟迟没有付款的意思，问及原因，其回馈的信息是："账上没有钱，周转不开，过段时间再付款。"结果今天推明天，明天推后天，甲公司足足等了三个月，乙公司还是一点动静都没有。多次索要无果后，甲公司一纸诉状将乙公司告上法庭，要求乙公司支付货款和违约金。结果法院却予以驳回，这并不是对乙公司的偏袒，而是因为这份合同本身就是一份无效合同。

什么是无效合同？在法律上，它的特征是这样设定的：首先，无效合同具有违法性。所谓违法性，就是它违反了法律和行政法规的强制性规定，直接损害了国家利益、社会公共利益。此类合同不符合国家的意志和立法目的，所以国家层面对其实行干预，使其不发生任何效力，而不管当事人是否注重合同的效力。

其次，无效合同是自始无效的。所谓自始无效，是指自合同订立之日起就不具有任何法律效力，更不受法律支持。就本质而言，无效合同违反了法律规定，因此国家根本就不承认此类合同的效力。对于已经履行的，应当通过返还财产、赔偿损失等方式使当事人的财产恢复到合同订立前的状态。

在上述案例中，看似可以维权的甲公司与乙公司签订的合同本质上是一份无效合同，因为他们之间的采购销售行为是法律明文禁止的走私行为，一旦违法行为证据确凿，即便有明晰的合同，法律也不会予以支持。

在订立合同时，首要的是合同要符合国家的法律规定，在这个前提下，双方才能有效明确自己的责任和义务，将双方的利益清晰地在合同中进行阐述。这就需要我们在合同订立之初便对法律条款做好功课，而不是想当然地以自己的标准设计合同。订立合同的核心是为了让它具有法律效力，如若这一点都无法保障，那便无法谈及双方的责任和义务。

此外，就采购、销售和物流等一系列商业流程来说，什么是法律支持的，什么是法律不支持的，什么是法条中明确指出的标准，哪些内容可以在合同的基础上另行约定，这些细节问题也都需要我们反复推敲。从核心到框架，从框架到细节，要注意的点非常多，而且采购、销售、物流单独作为流程环节，需要注意的细节差别极大，更是需要格外留心。

单就采购合同举例。首先，项目的认购牵涉到物品的名称、规格、数量、单价、总价、交货日期以及交付地点等，所涉及的内容必须与请购单和决策单相符。此外，付款方法也要标注清楚。比如，是一次性付款还是分期付款？分期付款的周期是怎样的？如若延期交付，对方应按照怎样的条例弥补自己的损失？如若合同面临解约问题，应该采取怎样的措施保障企业的权益？双方对验收和保修期限是怎样约定的？所产生的费用如何解决？另外，彼此之间的责任究竟应该如何划分？一旦发生违约，谁来承担相应的损失？

一旦将这些内容想清楚了，思路也就清晰了，落实在具体合同上的信息也就足够清晰了，每一个细则都是我们最大限度地为自己争取利益的可靠保障。既然存在不可预见的风险，签订合同的人员事先把这些内容以及企业所要承担的责任、义务罗列清楚，便能够在极大程度上规避风险。就企业买卖合同而言，这桩生意中所需要的一切、所要求的一切、所应解决的一切都应清晰地用文字加以诠释，在此环节，倘若有些事情自己没想到，便很可能在后续追加条款时遭遇冲突。

企业在运营过程中，凡牵涉订立合同的事项，虽然我们能够意识到其重要性，但我们无法预见具体操作层面的很多细节，这时，我们便应该向专业的法务人员寻求帮助，让专业人员对合同细则进行完善，这样既能够在合同中很好地传达自己的需求，又可以最大限度地保障企业的利益。

在确定合同受到法律保护的同时，企业双方都可追求自身利益最大化，这是企业生意经中的双赢策略。从这一点出发，我们甚至可以说，谁把握好了合同这张王牌，谁就能够赢得未来的先机。

CHAPTER 7

| 第七章 |

资本的规则：投融资风险识别和管理

世界各国近几十年的金融实践证明，风险投资已经成为高新技术产业化的发展动机和核心驱动力，在一个国家的经济增长中有着举足轻重的分量。高科技企业想要保证自身的长足发展，就必须对企业发展中的不确定性采取有效的管理和控制，唯有如此，才能有效提高风险投资的成功率，促进技术创新和技术进步，降低损失发生的可能性，避免不必要的纠纷和争议。

“风险”是一个很宽泛的词，在投资学中，一般被解释为投资者在投资过程中受种种不确定因素的影响，其未来实际投资收益与预期收益发生背离的可能性及背离程度。风险投资是以追求高收益、承担高风险为特点的投资方式和过程，也就是说，这种行为本身就存在着很高的风险性，如何将风险降到最低？如何在保证收益的同时，不至于因为违反法律而置身悬崖边？从这个角度来说，法律的保护将是整个风险投资中最核心的保障要素。倘若与法律相违逆，风险投资承诺的收益越大，企业所要承担的负面影响越是难以估量。

正所谓无规矩不成方圆，不管风险投资过程中会经历怎样的考验，法律始终是维系其中的公平杠杆，它维护的是所有人的合法权益，这也是整个风险投资运营过程中价值合理性的重要体现。我们不但要在投资风险管理中把握核心理论，还要在合法运作的前提下掌握最佳方法，提升自己的技术产能，将合同制度化、运营规章化纳入自己的风险投资中。从这个角度来说，法律的介入可以让我们更好地识别风险、评估风险，可以帮助我们更好地管理风险、规避风险，只要一切有法可依，哪怕面临再多的挑战，我们的内心也始终都是踏实的。

借钱的学问：企业融资

经济基础决定上层建筑，企业要想发展，就必须有充足的资金支持。资金就像是一家企业体内的血液，是企业进行生产经营活动的必需条件，倘若没有足够的资本作后盾，即便企业所处行业或领域有再好的发展前景，企业自身的生存和发展也得不到保障。

若企业发展没有充足的资金支持，自然会以“借钱”的方式去解决资金问题，就像普通人遇到缺钱的事都会想到用借钱的办法去解决一样。不过，因细则上的不同，企业的“借钱”通常被称为融资。

企业融资，指的是企业从自身生产经营现状及资金运用情况出发，根据企业未来经营和发展策略的需要，通过一定的渠道和方式，利用内部积累或向企业的投资者及债权人筹集生产经营所需资金的一种经济活动。

不管公司现状如何，有钱进来的日子总比没钱的状态好。但是，给企业融资的机构或个人的钱也不是白来的，倘若企业没有实现预期的承诺，对方也是有措施进行反制的。这里便牵涉一个很重要的问题，那就是为了使对方能够顺畅地给企业融资，一些企业会选择性地忽略融资过程中可能涉及的法律风险。很多企业在融资过程中，尤其是在资金面临严重困境时，即便资金方狮子大开口，也会不顾一切地答应下来，不过这样做的后果通常是企业无法想象的。

在现实中，因融资而发生的纠纷事件层出不穷。企业在资金方给钱的时候热情高涨，等钱拿到手里，可能会打乱正常经营的节奏，结果融到了资，收益却没见着，债务反倒增加了许多，这时再去找律师为时已晚。很多企业主在这个方面吃了哑巴亏，由于在洽谈阶段未就风险进行认真考量，导致融资不但没有促进企业盈利，还加速了企业的沦陷。

对于融资过程中可能遇到的风险，我们通过一个真实的案例来进行分析。

2020年3月，原、被告双方签署《投资协议》，约定原告向被告投资1000万元人民币，占被告公司15%的股权。协议签署后，原告按约定支付第一笔投资款100万元人民币，用于目标公司的注册及筹备工作。协议约定第二笔投资款应于目标公司完成注册后5个工作日内一次性支付，原告于2020年7月支付了剩余投资款，此后，目标公司运营良好，业绩不断攀升，但股权分红迟迟未落实到原告手上。

2020年12月，原告将被告诉至法院，以被告违反预先约定为由，要求被告返还投资款项并支付相应手续费共计1200万元人民币。被告方则称，虽然原告按时交付了投资款项，但公司整体运营尚未稳定，分红为时尚早，且签署《投资协议》的被告赵某并不具有相应的决定权力，合同所呈现的意愿并非被告的真实意愿，请求法院驳回起诉。但经法院核实，赵某是被告企业的法定代表人和大股东，而且在签署协议时，是受股东大会委托，一切流程都符合原告陈述，当时被告方也未提出任何意见分歧。所以最终支持原告诉讼理由，要求被告企业返还投资款项并支付手续费共计1129万元人民币。判决生效以后，被告提出上诉，中级人民法院经过核实，认为案件不存在异议，最终驳回被告申请，维持原判。被告企业接到判决后，只得接受现实，按法院审判结果要求向原告偿还了款项。

《民法典》第119条明确规定：依法成立的合同，对当事人具有法律约束力。《民法典》第509条也明确指出，当事人应该按照约定全面履行自己的义务。当事人应该遵循诚信原则，根据合同的性质、目的和交易习惯履行通知、协助、保密等义务……

融资之所以容易产生纠纷，大都是因为融资方的紧迫性，为了顺利拿到资金方的投资款，对合作条款选择性忽略，同时未就后果进行深入考虑。未明确融资过程须注意的法律问题，其核心部分在于未分清融资人的法律主体地位和投资人的法律主体地位，这也是上述案例中被告方的问题所在——试图将自己的主体地位剥离出去。

作为企业承包人，除另有约定外，大多数时候只有承包的权利，并不具有处理企业融资之类重大事项的权利。而就投资方的主体地位来说，根据法律规定，代表处不得进行任何与经营有关的商业活动，代表处无权签订任何投融资方面的合同。也就是说，对于投资这件事，合同条款所限定的是具有主体地位的双方，法律上根本不允许以代表的形式委托处理。

此外，融资方式的选择也尤为重要，不同的融资方式所牵涉的注意事项也不同。是债权融资、股权融资、优先股融资还是租赁融资，其所涉及和所要承担的权利义务是截然不同的，如若不把这些问题考虑清楚，便盲目地签订协议，企业很可能在后期经营发展过程中都要受这份合同所累，这也是许多企业主在融资阶段积极引入专业法务人员的主要原因之一，此过程所要注意的细节之处实在是非专业法务人员难以处理的。

双方谈妥融资形式后，接下来进入回报事项的谈判。投资方给企业融资不是为了做善事，投资方承担风险，有了回报自然不会客气，合同上如何约定，融资方就如何履行即可，这实在没有什么可计较的。

倘若合同中对一些细节的陈述不够明确，此后引发纠纷的可能性极高，若能够有专业法务人员予以处理，便可最大限度地规避风险。那么，合同中有哪些需要注意的细节问题呢？我举几个例子。比如，债权融资中本金的还款计划是怎样的？如何计算利息？担保形式是怎么约定的？分红的比例是多少，时间节点是怎样的？这些都是投资人最关心的事，当然也是被投资人需要关注的事。这些问题都需要在洽谈阶段确定，把后期可能出现的风险都屏蔽掉，双方各安其心并对未来充满信心，这才是合作的初衷。

对于企业融资过程中需要注意的事项，限于篇幅，这里只讲了很少一部分，融资额度越大，越是需要将法律风险规避做到位，知道自己需要做什么，知道后续要履行什么，同时要清楚违背约定将会产生什么样的后果，这样才不会困惑。

企业尤其是初创企业，在融资阶段需要高度重视这一方面的事宜，最好在融资初始阶段便引入一个资深的法律顾问或公司法务人员进行具体操作和执行，尤其要优化合同细则，这样才能确保合作顺利进行。

投资是个技术活：企业投资项目管理

企业发展壮大之后，尤其是在资金较为充裕的情况下，都会有选择性地进行投资，会更加关注自身所在行业的一些企业或项目。有人觉得，同行业的人都是竞争者，投资竞争者不就是“资敌”吗？这样的思考方式是有局限的，一家企业即使再厉害，也不可能将自身产业链上下游的所有环节都打通，通过投资行为倒是能在很大程度上打通关键环节。投资的本质是赚取收益，但很多时候，收益不单单是指“金钱”，也可能是技术、合作渠道等其他类型的收益。

企业发展壮大之后，在考虑经营成本以及未来发展状况的情形下，适时将投资项目管理纳入企业运营的核心机制中才是有格局的发展策略，由此我们也知道投资行为在企业发展过程中所占的分量到底有多大。企业通过投资、融资、收购、并购等方式成为其他优秀公司的股东，尽管身处同一领域，但是依然可以成为多家相关企业的股东，这并不妨碍企业自身的成长，很多时候反而是促进企业发展的一种策略。成为行业内企业的股东并与之进行深度合作，能够打破很多合作壁垒。说到底，企业与企业之间的合作是以双赢为基准面的，倘若合作过程中出现纠纷，不管对哪家企业来说，都将是一场不小的风浪。

如果合作中真的出现了纠纷，该怎么办呢？如若对方跟我们确认股东资格，要求返还投资权益，我们至少要先看看股权认证书上是怎么写的，对方是不是真的具有股东资格，是否在有关部门进行了信息登记，出资证明上的条款是怎么写的，同时要清楚对应的股权公司的章程规定是怎样的。将这些事情弄清楚之后，一切才能有据可循，才能看清对方的真实意图，弄清矛盾的根本，然后参照法条，判断法律会对当下的情况抱有怎样的态度。倘若连这些内容都不清楚，那么真到出现纠纷时该怎么办呢？其实就投资纠纷来说，因为牵涉的都是真金白银，所以在合作过程中合作各方都渴望收益，盈利的时候自然皆大欢喜，一旦出了问题，很可能就是一大笔债务，昔日的合作伙伴、并肩作战的好友很快就会成为冤家。但如果在约定阶段便将条款处理清楚，即便后期真的发生什么变化，各方所要承担的责任也是一目了然，并无可争论的纠纷点。

对于投资管理的一些细节，下面，让我们通过一个真实的案例来感受一下。

2007年，今日资本和中山联动两家私募股权投资基金投资“真功夫”，企业估值高达50亿元人民币，两家投资基金各投1.5亿元人民币，各占股权的3%，真功夫的联合创始人蔡达标和潘宇海的股权比例都由50%摊薄到了47%。本来一切形势大好，但没想到真功夫的两位创始人因经济纠纷爆发严重冲突，整个企业因此元气大伤，这使得本应上市的真功夫延误了时机，错过了抢占市场的最佳机会，最终就连投资方也选择了退出。自此之后，真功夫再也无法与肯德基、麦当劳等餐饮巨头在市场上相竞争，而且因为这场官司，真功夫成了股权投资失败的经典案例。

根据德国一家研究所的调查研究，大多数企业的主要问题是对其内部风险没有良好的预见性，等到真的出现问题时再采取措施已经来不及了。伦敦商学院的一些学者在调查中也得出了同样的结论，认为企业成长的关键点并不在于经济环境的影响，也不在于市场条件的限制，而在于企业自身的风险控制。企业要想在风险中平稳发展，必然要以适当的应对策略去规避风险，虽说无法做到完全根除风险，但若有规避风险的意识并能够付诸行动，还是能够做到规避多数风险的，这也是企业建立法务部门的主要原因。

投资行为一般发生在企业或项目的上升阶段，是对方企业或项目上升过程中的一个关隘，也是最为复杂和需要慎重对待的行为。以法律控制方法作为控制投资和项目管理风险的主线是企业在投资和项目管理风险控制中最常用的方法。在具体执行层面究竟该如何通过法律控制的方法规避企业投资风险呢？我们从以下三个方面逐一进行分析：

1.资信（资质）的法律调查、审查

投资和项目管理作为一项复杂而又富有高度综合性、专业性的经营活动，带动感是非常强的，有些业务活动必须由资信程度高、具备政府授权资质的实体来进行操作，比如金融业务、工程承包业务、电信业务、某些工业项目、外资项目等。这时就需要提前对风险加以防范，全方位地对对方的资信（资质）进行调查和审查，一旦发现问题，便快速采取措施，这样才不至于引发更多的麻烦。

2.合同管理风险法律控制

这是整个法律风险控制的核心。合同是所有经济活动的纲领、主线和依据，在合同洽谈阶段，要尤为细致和小心。从谈判到签订合同，究竟是顺利履行，还是违约？其中有哪些行为需要追究责任？这一系列内容都脱离不开法律方案和法律审查。

3.财务（资金）管理风险法律控制

企业财务（资金）管理可以说是企业管理中最重要的环节。资金作为企业的核心，是整个系统中最受关注的部分。由于专业知识和操作经验的限制，在投资和项目管理案例中，财务（资金）管理风险对投资和项目的成败起着至关重要的作用。而财务（资金）管理风险又与项目建设、商业秘密保护、人力资源管理等密切相关，具有很强的综合性和复杂性。应根据我国现行有关财务（资金）的法律法规，制定企业内部财务（资金）管理制度和风险预测、防范制度。

以法律作为企业投资风险管理的主要方法，这既是技术活，也是战略机制，唯有强大的法律防护机制才能维护好企业的投资利益，从这个角度来说，适时引入有资历的法律顾问也是企业风控运作中的一个明智之举。

赶考：企业上市的准备工作

大多数创立企业的企业主都有将企业上市的期许，因为企业上市意味着更多的机遇和更大的收益。更为重要的是，上市是企业融资的重要方式，有了钱，就有了资本，一些想要实现的商业目标便有足够的资本去实现。企业上市后，可以通过建立以股东大会、董事会、监事会为主体的公司治理机构，同时利用管理层持有股票、股权激励等一系列机制为企业的发展注入新的活力。当然，更重要的还是可以获得更为充足的资金，实现企业快速扩张，然后依靠坚实的后盾迎接市场挑战。

很多时候，一家企业上市就像是打怪升级一般，从天使轮到A轮，再到B轮，然后到C轮，最后到D轮，直到最终上市，任何关卡都有可能会迈不过去，这就好像进京赶考，每个人都想考状元，但现实情况是不可能所有人都能考上。

虽然我们看到不少企业冲关成功，完成了上市，但看问题不能只看成功的典型，有时失败的案例能带给我们更多思考。在冲击上市的过程中，有不少企业由于自身的原因而折戟沉沙，一头栽倒在上市的路上。冲击上市失败对企业的影响到底有多大呢？如果企业将上市作为自身唯一的目标，在冲刺IPO时，就极易失去理性，进而导致企业的整个日常运营节奏都被打乱。而且在上市过程中稍有不慎，企业内部的一些问题便会被暴露出来。比如，立立电子IPO申请先批后撤，一开始便被爆出了问题，此后的上市之路更是举步维艰；深圳海联讯境外上市未果转投创业板，却被疑其股权结构转换方面存在瑕疵。这些问题对企业后续经营的影响是非常深远的，稍有不慎，便会满盘皆输。

下面，我们通过一则真实案例来具体分析。

2017年，某制造企业向中国证监会递交了创业板上市申请。申报后，该企业将其利润完全释放，2018年，净利润冲到了10亿元人民币。但在处理多轮反馈后即将上市之际，中国证监会突然停止审核。随后，中国修订法典，中国证监会发起财务自查活动。此时，偏偏该企业外部环境不景气，企业利润下滑，自身现金流又较为紧张，思来想去，该企业只能忍痛撤回上市申请。

从常规角度来看，企业因盈利能力问题而IPO被否决的主要原因有两个：一是业绩依赖过于严重，比如税收依赖和关联方依赖；二是企业持续盈利出现了严重问题，比如受专利纠纷、合资条款、销售结构变化、未决诉讼、重大合同不利影响等。

除上述案例中提及的盈利能力外，主体资格缺陷也是一个非常严重的漏洞。主体资格缺陷主要体现在历史出资瑕疵、历史股权转让瑕疵、实际控制人认定不准确和管理层变动四个方面。我国法律法规明确规定，企业上市前，职工持股人数超过200个的，一律不允许上市；存在工会持股、持股会或个人代持等现象的，也一律不允许上市。而在内部员工持股清理的过程中，申请IPO的公司极易因各种利益问题而被举报或遭受质疑。

募投资金效益风险问题也是企业IPO被否的一个原因。此类风险包括模式变化、项目可行性遭受质疑等，这些都需要企业给予全面的分析论证，以确保投资人及企业本身的利益和资金安全。募投项目与企业现有生产规模及管理能力不匹配，企业出现“小马拉大车”的现象，某些投资项目手续不齐或不符合法律法规要求的都会被视为存在合规风险。

此外还有因权属纠纷出现不确定性、信息披露质量差、财务会计问题、独立性问题、企业运营不规范问题、中介报告瑕疵问题等一系列细节流程审核考验，因这些问题没有得到应有的落实，很多企业在审核阶段便遗憾落榜。

企业要想上市，首先要符合相应的基本条件。企业在国内上市的融资条件主要见于《中华人民共和国证券法》①《首次公开发行股票并上市管理办法》及沪深两个证券交易所的《股票上市规则》等相关规定，内容极为琐碎庞杂，主要涉及企业主体资格、独立性、规范化运作、财务会计、募集资金投向等多个方面，倘若不在流程上加以推敲和规划，是很容易出问题的。

在上市过程中，很多企业就吃了准备不充分的亏，因上市目标未达成，最后所牵涉的利益方诉之于法庭的案例比比皆是。企业上市是一个极为复杂且精细的企业行为，对于此类事项的处理应引入专业人士的意见，从财务到法律层层把关，将细节做到完美，避免后期产生不必要的争议和弊端。企业上市也是一项系统性工作，从企业创立之初到后期的经营，凡涉及企业的相关事项，都有可能成为阻碍企业上市的雷区，因此有意愿上市的企业从创立之初就应该就此方面的内容咨询相关专业人员，将企业日常行为纳入上市审核范围。

对于那些IPO赶考路上落榜的企业来说，并不是赶考的卷子太难，而是自身的准备工作压根儿就不充分。与其后期想各种办法解决问题，不如提前采取措施，将所有上市过程需要审核的事项纳入企业日常管理，建立完备的规章流程，从程序上确保上市之路一帆风顺。

---

①《中华人民共和国证券法》是为了规范证券发行和交易行为，保护投资者的合法权益，维护社会经济秩序和社会公共利益，促进社会主义市场经济的发展而制定的法律。由第九届全国人民代表大会常务委员会第六次会议于1998年12月29日通过，自1999年7月1日起施行。

资本的逻辑：企业资本风险防范

在任何市场环境下，资金都是企业得以正常运转的重要条件，唯有充足的资金储备才能帮助企业有效开展生产经营活动，保障整个企业的运营正常进行。而资金安全是确保企业资金运转的重要前提。就目前来看，我国企业资金安全管理还很不规范，伴随着逐利的叠加，资金安全风险呈现出日益升高的态势。倘若这个时候再不提升企业的资金风险管理意识，了解企业存在什么样的资金风险，不但会影响企业后续的运营和发展，就连生存问题都将面临严峻考验。

企业的资金管理主要分为资金的筹集和对外投资两个重要板块。在资金的筹集以及对外投资获取收益等活动的过程中，由于各种因素，企业的资金管理可能遭遇各种各样高规格的风险指数。例如，由于融资的决策失误，导致企业融资成本压力过大，举债风险会直接导致融资风险叠加。由于对市场把握不够精准，对投资项目没有进行全方位的评估，最终造成高规格的投资活动失败，企业资金严重浪费，整个企业的资金安全受到挑战和影响。如果这个时候还不对其中的风险给予重视，一心只想着后续带来的经济收益，那么很可能会导致企业风险管理体系崩塌，后果不堪设想。

当年的健力宝风波即为典型案例。

2001年下半年，三水市（后改为三水区）政府大举转让健力宝国有股权的时候，真功夫持有健力宝集团75%的股份，另外25%的股份则由两家分别在香港和澳门注册的公司持有。当时有三方表示愿意收购政府转让的股权。新加坡第一食品公司愿意出资3.8亿元人民币收购，李经纬的管理团队愿意以4.5亿元人民币收购，最终都没有成功。后来在浙江国投的支持下，张海等人最终以3.38亿元人民币成功收购了健力宝75%的股份，转让价格也是3.38亿元人民币。

经过后续一系列手法复杂的股权变更，健力宝集团的股东演变为健康产业公司、KASA ASIA LIMITED及三水区公有资产投资管理有限公司三家。其中，健康产业公司系在三水当地工商局注册，KASA ASIA LIMITED则为BVI公司（注册在英属维尔京群岛的公司）。最终，健康产业公司的股东总共为三人，分别是张海、祝维沙和叶红汉。张海、祝维沙二人曾先后出任健力宝集团总裁。KASA ASIA LIMITED的股东共有四人，张海同样名列其中。张海、祝维沙与叶红汉三人实际持有上述两家公司已是公开的秘密。

在张海的控制与经营下，健力宝公司出现了严重的债务危机，张海不得不辞任董事长兼总裁的职位。

后来，健力宝集团的股权又发生变更，但并没有改善其经营状况。随后，三水区政府以健力宝原收购方（张海等）有1亿元人民币的收购款还没有支付以及健力宝欠政府4000万元人民币的应分红利和2000万元人民币的欠款为由冻结了健力宝的股权，成立了全资控股的佛山三水健力宝贸易有限公司，要求经销商将原本打往健力宝集团的信用保证金全部打到健力宝贸易公司账户上，并召开经销商大会。

这件事曾轰动一时。如此知名的品牌却骤然陨落，不能不引起企业的广泛深思：如果我们是健力宝，我们该怎么办？如果我们是股权收购人，我们又该怎么办？

从理论上来说，企业资本运作的风险是多方面的，大致包括政策风险、市场风险、财务风险以及纯粹的法律风险。

从政策风险的角度来说，这涉及国家宏观调控中的投资政策问题，投资政策问题也是所有企业在资本运作中需要最先考虑的内容，如果这一关都过不了，那么很可能你的一切战略都得不到审批。

市场风险主要包括资本运作条件的规定是否合理、该笔资本运作是否成功、合作伙伴的行为是否达到了自己的预期。就前两个问题来说，我们需要从市场整体的形势对自己的长远目标进行认真考察，一切是否符合市场规范、交易程序是否有可靠保证、合作企业的资质是否健全等都需要企业仔细权衡和考证。以健力宝的案件为例，张海的行为严重背离了三水市政府对健力宝公司进行改制的初衷，这就是典型的市场风险。

财务风险中最核心的内容就是资本运作给企业本身的财务状况带来的不利影响，比如企业资金链断裂、资金负债率过高、关联性企业之间过于复杂的资金关系等。

纯粹的法律风险主要是资本运作中合同内容本身所涉及的法律风险，比如合同签订方式不符合要求、没有按照要求进行招标、没有进入有关专门交易的市场、合同效力出现问题、合同设计的标的本身存在争议。在健力宝案中，张海转让股权还没有完全缴纳价款就是财务风险最常见的一种呈现方式。

就风险而言，稍有不慎，就可能引起轩然大波，只要生起波澜，所要付出的代价就都不是小数目。与其事后弥补，不如提前做好风险管理和防控。

企业要想在资本管控上做大做强，法律的支撑是必不可少的。如果无法在细节上考虑周全，不如建立一支有效的律师顾问团队，让律师顾问团队帮助企业把事情考虑得更周全、更到位，使得企业在运营中的每一步都经得起推敲，达到有理有据、有法可依的专业水准。

CHAPTER 8

第八章

法律的威严：企业刑事法律风险防范

张远煌教授在《企业家刑事风险分析报告（2014—2018）》中发布的数据显示，在2014年至2018年5个统计年度，企业家犯罪案件总计分别为902件、793件、1458件、2319件、2222件，与之相对应的涉案企业家人数分别为1099人、921人、1827人、2292人、2773人。

随着我国经济的迅猛发展，企业家的犯罪数量也大致呈现出逐年递增的趋势。其中，民营企业家面临的刑事风险比例远远高于国有企业家。《企业家刑事风险分析报告（2019—2020）》中的数据显示，2020年，民营企业家的犯罪次数是3011次，国有企业家的犯罪次数是234次。据此推算，2020年，民营企业家犯罪次数与国有企业家犯罪次数的比例约为13∶1。

在现实中，大多数民营企业家认为自己只是进行普通的生产经营活动，不会涉及刑事法律风险。但事实上，从频繁爆雷的P2P、出现问题的私募基金等，我们不难看出，当下中国民营企业家正面临着相当严峻的刑事法律风险考验。

刑事法律风险有别于民事法律风险和行政法律风险。企业的设立是否符合法律要求、签订的合同是否合法都可能涉及相关的法律问题。从这一角度来说，民事法律风险或行政法律风险多半会涉及个人的财产风险问题，而刑事法律风险涉及更多的是企业领导者个人人身自由的风险。在现实的企业运营中，很多企业只是一味地将眼光放在运营和经济效益上，却忽略了对个人人身自由的法律安全保障，等到真的出了问题，才突然意识到防范刑事法律风险的重要性。

纳税是义务：偷漏税类犯罪防范须知

无论是个人，还是企业，只要触犯法律，便会受到极为严苛的惩戒。法律是一根红线，任何个人和团体都不可跨越。纳税是公民的基本义务，企业作为责任主体，纳税也是企业的基本义务。但在现实中，偷税漏税事件时有发生。偷税漏税是法律明令禁止的，情节严重的更是要负刑事责任，这样铤而走险真的能为企业省钱吗？换个角度思考，企业能够承担得起违反法律的后果吗？

偷税罪指的是明知自己有纳税义务，却故意采取各种手段逃避纳税责任的犯罪行为。而漏税指的是纳税人对税收规定、财务会计制度不了解，或由于疏忽大意漏报应税项目等过失，而导致不缴或少缴应纳税款的行为。两者之间在主观能动性上是有区别的。

根据我国《刑法》的相关规定，纳税人采取欺骗、隐瞒手段进行虚假纳税申报或者不申报，逃避缴纳税款数额较大并且占应纳税额10%以上的，处3年以下有期徒刑或者拘役，并处罚金；数额巨大并且占应纳税额30%以上的，处3年以上7年以下有期徒刑，并处罚金。扣缴义务人采取前款所列手段，不缴或者少缴已扣、已收税款，数额较大的，依照前款的规定处罚。

法律法规对偷税漏税行为的规范极为严苛，一旦触犯，所要承担的后果是极为严重的，它所涉及的刑事犯罪内容是任何人都无法侥幸跨过的边界。

我们通过一则真实案例来看看偷税漏税的严重后果。

2019年，合肥市税务局同合肥警方强强联手，破获了一起涉案900亿元人民币的偷税大案。皖、粤两省多地的公安与税务部门同时出击，成功抓获邱某等11名偷税漏税团伙主犯及成员，捣毁虚开发票窝点5处，当场缴获群发虚开发票信息基站4台、电脑40多台、手机100多部，以及大量税控盘、空白发票、虚假身份证和公章、银行卡等赃物。

早在2018年11月，合肥市公安局就从税务局获取了一条虚开发票的涉案线索：2018年10月和11月，一名涉案女子先后在合肥市税务局办税大厅内的自助发票机上使用了36个不同的税控盘，领取了大量空白增值税专用发票。涉案女子的异常行为引起了税务部门的关注，经税务部门核实，36户公司均出现纳税异常，涉嫌虚开增值税专用发票。

根据这一线索，合肥市公安局经侦支队开始介入侦查，一个以邱某为首的虚开发票犯罪团伙逐渐浮出水面。经侦查后查明，自2017年以来，嫌疑人邱某和詹某伙同他人为获取非法利润，纠结相关财务公司人员，在合肥等地注册大量空壳公司。在这些空壳公司的掩护下，该团伙又以每月支付3000~5000元人民币的价格从外地雇请人员，通过电话、互联网远程遥控，利用办税服务厅自主办税大量领购空白发票。与此同时，该团伙通过网络大量寻找购买虚假发票的下家，并在出租房内对外疯狂虚开增值税专用发票牟利。

截止到案发之日，合肥区域虚开涉案发票企业达1300多户，对外虚开增值税专用发票9万余份，价税合计10亿多元人民币；对外虚开增值税普通发票2万余份，价税合计1亿多元人民币。涉及外省市虚开企业1.1万余户，对外虚开增值税发票合计131万份，金额高达

910亿元人民币。邱某等人的行为严重危害了我国的税收征管制度，给国家造成巨大损失。

上述案例中所涉及购买伪造税务票据的企业在全国范围内多达1.23万余户，这些企业将这些票据买回去是为了做什么自是不言而喻——偷税漏税。很多企业之所以在税务方面的流程不够严谨，大都是因为每次缴税时，企业主像是被割肉一般疼，因而对待税务方面的事情能避则避，自然不会在流程上对此进行规范。而有些企业家干脆打起自己的小算盘，在账目上动手脚，总想从税务方面再挤出点油水来。最后税务局一笔笔账核对下来，所有疑点都标注了出来，企业无处遁形。偷税漏税是欺骗国家的行为，也是法律禁止的行为，无论是个人，还是企业，对待国家税务都容不得半点马虎。面对处罚事小，企业法人备案上的污点才是最严重的，如果留下污点，今后企业不论是融资，还是上市，都会受到一定的限制，这直接影响到企业的进一步发展。

资本永不眠：破坏金融秩序类犯罪防范须知

如今，我们貌似已经彻底跨入了金融时代，但究其本质，还是在受自金融产生之后便存在的金融规则的支配。作为一种无属性的工具，金钱最初是为了交易便捷而产生的，我们在生活中无时无刻不与金钱产生关系，每天它都以各种形式流转着。随着经济生活的不断丰富，人们逐渐将金钱作为一种有价值的物品进行各种交易，也就产生了金融。世间万物自有其规律，这些规律不会随着人类意志的转移而转移，金融也一样有其自身的规律，只有厘清金融领域的一些规则，才不至于造成资金方面的损失。

我们时不时会在新闻中听到有关金融领域犯罪事件的报道，“财帛动人心”，这不难理解。要知道，规则产生之时，便为破坏规则的人提供了巨大的利益。这些破坏规则的人以破坏规则、钻法律的空子为手段，妄图从中牟取暴利，这样的行为肯定是要承担相应的法律责任的。

在现实中，很多金融领域的犯罪行为是没有直接被害人的，比如以破坏国家相关金融管理制度为特征的货币犯罪、妨害信用卡管理犯罪、违法发放贷款犯罪等，很多受害人在不知情的情况下将自己置身危险之中，成了间接受害人，眼看着辛苦赚来的钱成了别人的不法收入，那股难言的窝囊气能捋顺吗？

但凡牵涉大额金融犯罪的人，通常对规则极为熟悉，既然其已经决定铤而走险，多少都给自己安排好了后路，有些人会直接将非法所得的资金转移至海外，有些人则拿了钱溜之大吉。即便真把人找到了，钱财也可能早已被挥霍殆尽。就目前来说，对金融犯罪的间接被害人的保护尚停留在理论研究阶段，司法实践中缺乏具体的操作依据。也就是说，一旦触及这一方面的纠纷，真到维权的时候，会因为这一方面司法解释不健全而遭遇维权瓶颈。对被害人来说，当务之急就是要维护自己作为被害人的司法权益，尤其是寻求对经济权益的保护。这一点对被害人至关重要，也是律师立案申诉的核心要点。

上述讨论主要围绕个人遭遇金融纠纷之后的处理，接下来，我们通过一个真实案例来看看企业在金融方面需要注意的事项。

2015年5月8日，深圳证券交易所中小板上市公司海某股份有限公司董事长腾某未经股东大会授权，在明知未经股东大会同意无法履行协议条款的前提下，仍然一意孤行，代表海某股份有限公司签订了以自有资金2.25亿元人民币认购某银行定增股的认购协议，同时授意时任董事会秘书林某发布公告。次日，林某在明知该协议无法生效的情况下，仍然按照腾某的指示，发布虚假信息。随后在原定股东大会召开之日的前三日，又发布了中止投资某银行的公告。

2015年5月11日—22日，即认购公告发布以后的首个交易日至放弃认购公告发布前的最后一个交易日，海某股份有限公司股价由18.91元（人民币）上涨至30.52元（人民币），盘中的最高价达32.05元（人民币），按照收盘价计算，上涨幅度达61.40%，同期深综指上涨幅度为20.68%，正偏离40.72%。从成交量来看，上述认购公告发布前的10个交易日，海某股份有限公司10个自然日累计成交4020万余股，日均成交402万余股。在认购公告发布后的首个交易日至放弃认购公告发布前的最后一个交易日的10个交易日中，海某股份有限公司累计成交8220万余股，日均成交622万余股。虚假信息的传播致使海某股份有限公司股票价格异常波动，交易量异常放大，严重扰乱了整个证券市场的秩序。

此后，上海市公安机关以腾某、林某涉嫌操纵证券市场罪向上海市人民检察院第二分院移送起诉。2018年6月29日，上海市第二中级人民法院一审判决，以编造并传播证券交易虚假信息罪判处被告人腾某有期徒刑3年缓刑4年，并处罚金10万元人民币；判处被告人林某有期徒刑1年零6个月缓刑2年，并处罚金10万元人民币。被告人未提起上诉，判决即时生效。

《刑法》第181条指出：编造并且传播影响证券、期货交易的虚假信息，扰乱证券、期货交易市场，造成严重后果的，处5年以下有期徒刑或者拘役，并处或者单处1万元之上10万元以下罚金。

证券交易所、期货交易所、证券公司、期货经纪公司的从业人员，证券业协会、期货业协会或者证券期货监督管理部门的工作人员，故意提供虚假信息或者伪造、变造、销毁交易记录，诱骗投资者买卖证券、期货合约，造成严重后果的，处5年以下有期徒刑或者拘役，并处或者单处1万元以上10万元以下罚金；情节特别恶劣的，处5年以上10年以下有期徒刑，并处2万元以上20万元以下罚金。

单位犯前两款罪的，对单位判处罚金，并对其直接负责的主管人员和其他直接责任人员处5年以下有期徒刑或者拘役。

随着相关法律的健全，针对扰乱金融秩序罪的处罚也越来越严厉。获取利益是人类的正常欲望，但很多时候欲望是把双刃剑，往好的方向发展时能够创造奇迹，往坏的方向发展时便是纸醉金迷、无底线的放纵。

想要赚钱这件事本是值得肯定的，我们可以通过正当的渠道获取金钱。

但偏偏有些“聪明人”看到了漏洞，妄图铤而走险，突破规则，破格获取巨额的利益回报，有些人还将此视为智者的行为，但从根本上来说，这些人都是“懦弱者”，他们没有自信与强者站在同一规则下竞争，反倒通过此类“破格获取”标榜自己的“强大与聪明”，这本质上是在自我美化而已。对金钱痴迷到一定程度，人的行为便会乱了方寸，总是希望以投机的方式获得巨额利润，却从来没有想过，一旦这样的行为侵犯了他人的合法权益，对方会忍气吞声吗？法律会饶过你吗？

凡是有处理金融领域案件经验的律师或法务人员，几乎都处理过类似的案件，也接受过类似的咨询。在我自己的职业生涯中也曾多次接触到类似的案子。本来公司已经上市，利润也大幅增加，生意做得有声有色，却在这件事上栽了跟头，问及原因，还是为了利益。

无论是个人，还是企业，都需要严格遵从法律的规定。事关金融领域的犯罪，细究起来，需要注意的事项极多，仅从国家近些年针对金融领域出台的各种规定就可以看出国家层面对这一领域的重视，企业对金融领域可能遇到的风险及其后果也应予以重视，应从法律出发对待相关事件。只有将其中的利害关系搞清楚，做起事情来才会更清醒，否则极易因此遭受更大的损失。

市场的稳定：扰乱市场秩序类犯罪防范须知

有人的地方就有江湖，有生意的地方便有市场，市场自然有市场的规矩。运作金钱的地方一旦出现问题，将会直接影响整个交易链条，使每个参与市场交易的人和企业受到极大影响。市场作为有着“中介”性质的经营性场所，在定位和格局上一定要稳定。一旦市场秩序出现混乱，将会导致整个交易链条崩溃。

经济生活的稳定关乎我们所有普通人，因此，国家在法律层面对扰乱市场秩序的行为予以严惩，情节严重者还要追究相应的刑事责任。

从法律概念来说，扰乱市场秩序罪是指违反国家对市场监督管理的法律、法规，进行不正当竞争，从事非法经营贸易或者中介服务活动，以及强行进行交易，扰乱和破坏等价有偿、公平竞争和平等交易的市场秩序，情节严重的行为。

扰乱市场秩序罪，还包括损害商业信誉、商品声誉罪，虚假广告罪，串通投标罪，合同诈骗罪，非法经营罪，强迫交易罪，伪造、倒卖伪造的有价票证罪，倒卖车票、船票罪，非法转让、倒卖土地使用权罪，提供虚假证明文件罪，出具证明文件重大失实罪，逃避商检罪等。

个人和企业扰乱市场稳定的方式非常多样，而且所带来的后果非常严重，有些数额巨大的甚至会损害国家利益，在对待这些事情时，国家的态度是严厉且严明的。

市场有其自身规律，一切扰乱市场的行为都是对国家法律的挑衅，一旦出现这种行为，必然会受到严惩。即便如此，还是有人存在侥幸心理。为了牟取暴利，这些人不惜挑战法律，以违法乱纪的勾当，破格获取本不属于他们的利益回报。从本质上来说，企图以破坏规则攫取利益的行为是违法行为。

我们通过一个真实案例来看看扰乱市场秩序的严重后果。

贵州某空壳公司的法定代表人孙某通过网站发布虚假供货消息，并与消费者签订交易合同，先后骗取众多受害单位和个人数百万元。该案件被公安机关破获之后，贵阳市中级人民法院就此案开庭审理，该公司法定代表人孙某因涉嫌抽逃出资和合同诈骗作为被告受审。

据公诉机关指控，2020年11月，孙某与刘某作为发起人和股东，向其他人借款近50万元人民币，注册成立贵州某贸易有限责任公司，孙某任法定代表人。同月底，两人将注册资金全部抽逃，某贸易有限公司遂成为空壳公司。

2020年12月，孙某在网上获知宁波某贸易公司求购金属硅的信息，随即安排人与对方业务员进行洽谈，声称自己有现货，可以即时供应，并想尽办法赢得对方的信任。双方通过传真签订总金额为1635万余元人民币的购销合同后，宁波某贸易公司便将246万余元人民币的预付款汇到了孙某的公司账户。孙某的公司因为没有实际履行协议的能力，在对方的多次催促下，退还了84万余元人民币，余款162万余元人民币被孙某提现占为己有。

而早在2020年7月和8月，孙某就通过在网站发布虚假的供货信息，分别与湛江某贸易公司和福建某公司签订购销合同，将两家公司的预付款（分别为418万元人民币和60万元人民币）占为已有。

公诉机关认为，孙某作为公司的发起人和股东之一，在公司资金验资之后，伙同他人将注册资金500万元人民币全部抽逃，造成公司资不抵债的局面，其行为已经构成抽逃出资罪；发布虚假供货信息诈骗受害企业和个人预付货款，其行为已构成合同诈骗罪。

根据《刑法》第224条的规定：有下列情形之一，以非法占有为目的，在签订、履行合同过程中，骗取对方当事人财物，数额较大的，处3年以下有期徒刑或者拘役，并处或者单处罚金；数额巨大或者有其他严重情节的，处3年以上10年以下有期徒刑，并处罚金；数额特别巨大或者有其他特别严重情节的，处10年以上有期徒刑或者无期徒刑，并处罚金或者没收财产：（一）以虚构的单位或者冒用他人名义签订合同的；（二）以伪造、变造、作废的票据或者其他虚假的产权证明作担保的；（三）没有实际履行能力，以先履行小额合同或者部分履行合同的方法，诱骗对方当事人继续签订和履行合同的；（四）收受对方当事人给付的货物、货款、预付款或者担保财产后逃匿的；（五）以其他方式骗取对方当事人财物的。

市场作为交易场所，参与交易的各方势必会以信誉为基础担保，而上述案例中的参与者却以破坏此规则为手段，背离市场机制的基本信任。市场是生意流动的地方，也是金钱运作的地方，国家有关市场的规定和立法旨在维护市场的稳定运行，让生产活动能够顺利进行。若是个人或者团体越过国家有关市场的防线，参与其中的各方必然会受到侵害，错乱无序的交易很有可能引发重大危机。

在面对这样的情况时，无论是个人，还是企业，首先要树立正确的法律观念。作为入驻市场的合法的准入方，我们的目的是通过交易赚取合法的收益。人们常说，君子爱财，取之有道。面对广阔的市场，想要更好地赚取利润，就必须遵循市场的规则。倘若一味欺骗，谋取私利，在市场中做不正当的事，势必会受到法律的制裁。同样，我们都知道商誉的重要性。要想在市场中长久地生存下去，无论是企业，还是个人，都须时刻注意维护自身的商誉。一旦商誉被损害，所遭受的损失将无法估量。

很多时候，市场的稳定性不仅关乎某个人，它像是一个环境、一个氛围，倘若法律不对扰乱市场秩序的人进行惩处，违规的人就会越来越多，参与市场交易的企业和个人遭受的损失就会越来越严重。为了维护更多人的正当权益，法律必须站在一个公正的角度去解决问题，因为它代表着公众利益，代表着一种硬性规则，代表着对市场整体的维护和看管。唯有明确规章制度和法律规范，问题的解决才会有章可循。

作为公民，只要我们身处社会之中，就必然会与他人产生交易关系。市场作为交易场所，很多时候是抽象意义上的。无论是个人，还是企业，在明确相关法条且知晓自己为之担负的责任和义务之后，才能获得市场准入券，才能在盘活生意的同时，作为市场中的良性循环者参与到具体的经营活动中去。

就国家法律层面而言，倘若企业依法经营，对每一位合作伙伴都秉持守法合作的态度，法律就会成为其权益的保障。成功的路千万条，有些企业经营者却走上了违法犯罪的道路，君子有所为，有所不为，活得坦荡才能舒畅，否则就算将钱拿到手里，每天都得提心吊胆地过日子，这样的人生也根本不值得一过。

企业经营活动中被侵犯财产类犯罪的刑法保护

很多中小企业经营者会说，经营企业的时候，纷杂的小事永远不断，等到企业发展壮大以后，最大的心愿就是企业能够平稳发展，倘若这个时候出现问题，很可能就不是小问题了。很多企业在进行经营活动时，多少都会有些担心，单单财务方面，企业所要承担的风险就难以估量。

企业自身所要承担的风险已经足够大了，而在生产经营过程中，企业中的员工也会因为各种情况侵占企业财产，此类风险的发生主要集中在财务人员和销售人员身上。比如下面这则真实案例。

赵某于2015年进入某外贸企业担任业务部总监，主要负责公司外贸出口、工厂采购、加工成品、退税等业务。

2020年，赵某的劳动合同即将到期，该企业按照正常流程提前通知赵某要与其解除劳动合同，其间赵某多次以生病在家为由推脱，最后企业方面只能不了了之，造成劳动合同无限期续长的局面。在该企业下达开除通知以后，赵某却将企业以劳动合同期间非法解雇为由告上法庭，最终胜诉，获赔20万元人民币。该事件只是一起普通的企业员工纠纷案件，蹊跷的事却从赵某离职以后开始了。

赵某离职以后，该企业其他工作人员接手了他的工作，接手赵某工作的这名员工发现，以往企业合作的供应商B公司的负责人与赵某有直接的亲属关系。经调查，赵某在职期间利用采购的职权之便，非法侵占公司财产长达5年时间，赵某只使用和他有亲属关系的供应商，造成采购价格高出市场价，从中赚取巨额差价。经企业方面初步统计，由此造成的损失达130余万元人民币。面对如此巨额的损失，企业向法院提起诉讼，要求赵某承担企业损失，并负相关法律责任。

赵某的行为很明显是职务侵占行为，针对这样的情况，法院是给予立案的。只要证据确凿、信息属实，赵某就一定会受到法律的惩处。

之所以会出现这样的情况，主要是因为企业存在漏洞，给了员工犯罪的可能性。企业在管理上存在重大疏忽，对供应商的管理也存在不当，对业务人员过度放权引发管理失控。企业存在的这些问题发人深思，让我们清醒地意识到，想要维护好企业的财产安全，除了凭借法律以外，企业自身也需要在管理方面多留心，在日常运营过程中不断发现自己的管理漏洞，并及时堵住漏洞。唯有如此，企业的整体运营才能有条不紊地进行。

很多企业等到真正出现问题的时候才想到去找律师来处理问题。在这种时候，企业关心的应该是手里的证据，但很多企业对此的反应让人很失望：“证据？什么证据？我一点准备也没有。”

这样的情形是任何法务人员都不愿意看到的，没有证据，官司该如何打？企业根据律师提供的清单一一对应地找下去，发现员工在离职时或者在职期间，早就将很多证据销毁了。遇到这种情况，对于企业来说，更是有苦说不出。

在这里提醒企业，倘若为自己的合法权益着想，首先就要在流程上规避此类事件的发生，用流程去管理企业，而不是用人情去管理企业，每个流程都要有清晰的留底，留底就有底气，等到真正出现问题的时候，证据确凿就好说了。

一般来说，一旦企业发现员工出现职务侵占行为，最应该做的是固定材料。首先，需要将公司或其他单位的营业执照准备好，还有上级主管部门的一些批示文件，以及能够证明单位依法成立的完备材料。这些可以证明企业经营一直处于合法状态，而且没有不正当的经营行为。

其次，提供能够完备证明涉嫌人是本单位职工的证明材料，如相关的聘任书、劳动合同、任命书、公司发放的材料、职工履历表、缴纳“两金”（养老金和公积金）的证明材料等。这些材料可以有效证明当事人与企业之间的关系，证明其在劳动关系存续期间确实在该企业工作且享有相应职权。

最后，也是最重要的，提供涉嫌人侵占企业财产、挪用单位资金的依据和数额认定的依据，如涉案的发票、单据、银行提款单、转账单、财务账册中记载相关内容的账页材料的原件和复印件。这些真实材料都可以准确无误地表明涉嫌人在行使职权过程中的行事轨迹，究竟哪里涉嫌职务侵占，哪里出现了不轨行为，这些材料都可以最完整地呈现给法院，一旦罪名成立，立案也会更加顺利。

根据《刑法》第271条的规定，公司、企业或者其他单位的工作人员，利用职务上的便利，将本单位财物非法占为己有，数额较大的，处3年以下有期徒刑或者拘役，并处罚金；数额巨大的，处3年以上10年以下有期徒刑，并处罚金；数额特别巨大的，处10年以上有期徒刑或者无期徒刑，并处罚金。国有公司、企业或者其他国有单位中从事公务的人员和国有公司、企业或者其他国有单位委派到非国有公司、企业以及其他单位从事公务的人员有前款行为的，依照《刑法》第382条、第383条的规定定罪处罚。

法律对于职务侵占对企业的破坏行为是有态度的，很多时候，企业让自己陷入被动的主要原因就在于，企业无法从全局考量问题，从财务管理到经营管理的每个环节和流程都有不小的疏漏。有了漏洞，自然就会有风险存在。

就企业与员工间的关系来说，员工将企业当成家，是因为企业文化做得好；员工将企业视为金库，是企业自身疏于防范的缘故。与其在将来陷入被动，不如及时引入专业人士，将管理细则全部探究清楚。无论是劳动合同，还是后续的职务划分，这些细致的问题都是可以在事前得到妥善解决的。

职务犯罪：员工利用职务便利的贿赂类犯罪防范须知

大多数人刚参加工作时，都能够老实本分地完成自己的本职工作，但随着工作经验的增加，有些人从普通员工晋升为管理者，感觉立刻就和普通员工不一样了，很大一部分升职之后的员工说话都比别人高一个嗓门儿。其实这倒也没什么，只要能为企业创收，企业也会包容每个人的不同风格。但是倘若这个时候员工有了私心，利用职权去谋取私利，企业自然不能接受。如果由于个人的主观原因而给企业造成了巨大损失，企业必然会追究其法律责任。

在工作期间，员工因一己私利损害企业利益，或用职务之便为自己攫取利益，是任何企业和单位都无法接受的，而且几乎所有的企业和单位都会在流程上对此类事件的发生进行防范。虽然企业和单位会对这样的事情进行防范，但是在现实生活中，类似的事件还是层出不穷地发生，归根结底还是那句话——“财帛动人心”。而且当员工长久从事相关工作时，必然会发现企业存在的漏洞，在这样的情况下，很有可能会发生损害集体利益的事情。

还有一些企业高管起初在工作上尽职尽责，但最终还是没能抵御住利欲的诱惑，利用自身的职务便利，偷偷做成了几桩“大买卖”，认为到了自己退休的时候，拿着这份多出来的养老金也可以潇潇洒洒地全身而退了。

发生这种事情以后，很多企业总是会重复这样一句话：“当初对方也不是这样的人啊，怎么就做了这样的事情呢？”事后诸葛亮，这几乎是所有人都有的弱点。企业给予员工职务却疏于管理，最终将所有过错都归咎于员工，这是不负责任的做法。正确的做法应该是，企业方面对此进行严格梳理，员工方面也应该严格管控自己的行为。

我们通过一个真实案例来具体分析防范员工利用职务便利实施贿赂类犯罪需要注意的事项。

卢某兴、卢某文、卢某远分别是周某通机械制造有限公司的董事长、法定代表人和财务总监。杨某林、陈某贤、王某利和徐某分别是利某会计师事务所某分所副所长、项目经理、主任会计师授权签字人和部门经理。边某是某证券股份有限公司固定收益融资总部业务部董事。

2013年下半年，周某通的公司流动资金不足，为了成功发行私募债券进行融资，卢某远与卢某兴、卢某文合谋，虚增公司营业收入5.13亿余元人民币，虚增利润总额1.31亿余元人民币，虚增资本公积金6555万余元人民币，虚构某银行授信额度500万元人民币、隐瞒外债2025万余元人民币。

之后，利某会计师事务所承接了周某通公司审计项目后，未按审计标准要求对周某通公司账外收入和股东捐赠情况进行审计，在审计报告中虚增了上述营业收入、净利润和资本公积金。其中，杨某林在出具重大失实报告中实施了组织、管理等行为；陈某贤实施了现场审计和初稿起草行为；王某利作为利某会计师事务所授权的签字注册会计师，在未按审计准则对周某通公司的审计报告进行审核的情况下，草率签发审计报告；徐某作为注册会计师，在未实际参与周某通项目现场审计的情况下，应杨某林要求，在审计报告上署名。

承销券商某证券公司以此为基础出具了《周某通公司非公开发行2014年中小企业私募债券募集说明书》。经向上海证券交易所备案，周某通公司于2014年非公开发行两年期私募债券共计1亿元人民币，并被相关投资人认购。其中，两位投资人在边某的介绍下分别认购该私募债券，边某收受周某通公司给予的贿赂款150万元人民币。2016年该私募债券到期后，周某通公司无力偿付债券本金和部分利息，造成投资人重大经济损失。

上海市公安局以边某涉嫌非国家工作人员受贿罪，杨某林、陈某贤、王某利、徐某涉嫌出具证明文件重大失实罪，周某通公司、卢某兴、卢某文、卢某远涉嫌欺诈发行债券罪，向上海市人民检察院第一分院和上海市徐汇区人民检察院移送起诉。

2017年8月21日，上海市徐汇区人民法院对此案做出一审判决。以非国家工作人员受贿罪，判处被告人边某有期徒刑2年零6个月，并没收所有非法所得。2017年11月21日、2018年1月31日，上海市第一中级人民法院分别做出一审判决，以出具证明文件重大失实罪，判处被告人杨某林有期徒刑2年缓期3年执行，判处被告人陈某贤有期徒刑1年零6个月缓期2年执行，判处被告人王某利拘役6个月缓期6个月执行，判处被告人徐某有期徒刑6个月缓期1年执行，并对上述被告人分别判处罚金5万～10万元人民币不等。以欺诈发行债券罪，判处被告单位周某通罚金300万元人民币，被告人卢某远有期徒刑3年零6个月，被告人卢某兴有期徒刑2年零6个月，被告人卢某文有期徒刑2年缓刑2年。一审宣判后，陈某贤、王某利、徐某提出上诉，上海市高级人民法院裁定维持原判，判决生效。

因此案涉及资金巨大，负面影响严重，2020年4月，上海市人民检察院结合此案以及其他同类案件的办理，向中国注册会计师协会发出了加强会计师行业监管的检察建议书。中国注册会计师协会收到检察建议书后，积极采取相应措施，加强中介机构职责重要性的教育，完善注册会计师专业标准体系，加强法律知识培训和职业道德教育，研究完善会计师事务所质量管理相关准则，更好地发挥行业自律监管作用。

在上述案例中，企业法人落马、会计师落马、合作方落马，连环追责下来，最后倒霉的不是企业，而是国家。

企业管理者和公司法务人员一定要在人员管理上把好关。不但人员要过关，企业的文化、管理、流程也一定要过关。

任何投机倒把行为都不可能维持企业的长久发展，倘若公司领导人没意识到这个问题，那么问题早晚会盯上你。法不容情，想要逃脱法律的火眼金睛，即便用尽全身才华，恐怕也难以实现。

CHAPTER 9

第九章

法律的公正：企业面临诉讼或仲裁如何应对

在对待诉讼和仲裁的问题上，法务人员和企业看待问题的角度是很不相同的。

法务人员是从法律的角度选择对当事人最有利的诉讼策略，并以此为重心，尽可能地做好准备。无论从证据上，还是从法律依据上，都力求做到精致、饱满、滴水不漏。唯有如此，才能确保庭审时以更充分的事实和法律依据帮助当事人解决纷争，减少或降低可能承担的损失和风险。

一个理性的企业，重点考虑的是成本和效益。通俗地讲，就是开源节流。诉讼和仲裁作为为企业提供法律救济和保护的方式，企业首先会把它作为企业成本效益核算体系的一个重要组成部分。一个成功的诉讼可以为企业挽回重大的经济损失，保证企业的经济效益，降低企业的经营成本。然而诉讼和仲裁并非只是在企业发生风险时挽回经济损失的方式和手段，企业还应该知道将诉讼和仲裁作为一种经营策略来使用。

根据数据统计，企业在劳动仲裁诉讼中的败诉率居高不下。在劳动仲裁案件中，用人单位败诉率竟高达80%，有的企业则是打一个劳动官司就赔偿一个。这也成了困扰企业的一大难题。如果企业通过总结，能做到“事前预防，事中应对，事后总结”，就可以大幅降低法律风险，在维权的路上立于不败之地。

官司上门：诉讼策略的制定

一旦出现纠纷，人们首先会想到自己的法律权利是否受到了侵害，会本能地想要找到一个讲理的地方，不管自己的角色是原告还是被告。当我们确定要将自己的权益诉诸法庭时，总是希望结果更有利于自己，自己能够从策略上多一成胜算，这就是很多人在遇到官司时渴望碰到一个好律师的原因。

毫无疑问，好律师会帮助当事人在官司的运营中提高效率，规避很多不必要的麻烦。而他们之所以称得上专业，最重要的就是能够帮助当事人制订一份切实可行的方案，在案件未决定胜负之前做好充分的准备。只有在案件审理前做足准备工作，才能在审理的过程中做出最好的发挥，既审时度势，又能完善好案件运作中的每一个步骤。

那么，官司究竟该如何打呢？首先，要明确官司到底向哪个地方打。并不是所有法院都可以受理所有案件的，一般的劳动争议案件须以当事人提起劳动仲裁为前置条件，除个别特殊案件外，法院一般是不能直接立案受理的。所以，对于案件所牵涉的内容该怎样应当提前做好准备，这将直接影响官司能否立案。

其次，明确原告抑或被告是否为本案适格的诉讼主体。按照“有告必理”原则，尽管起诉人、被起诉人是否为适格诉讼主体尚待经过实体审理后才能判定，但倘若能够举证证明原告错列、滥列诉讼主体，就会直接影响诉讼的立案。此时如果诉讼主体不够明确，诉讼对象就没有针对性，而对于一个连对象问题都没有解决的案件，法院也是无法受理的。

最后，明确原告的起诉是否超出法律规定的诉讼时效期限。诉讼时效是法律规定当事人在一定时期内主张权利的期限。如果超出诉讼时效期限，当事人便在法律上丧失了程序性胜诉权。这时再想上诉，法院也是不予受理的。

这些内容都搞清楚还不够，后续还有要考虑的问题。比如原告的政治、经济、社会地位等背景是怎样的？诉称事实发生发展的缘由、经过和情节是怎样的？立论以及支持论点论据各要素的事实与情节到底是否清楚？证据的形式、来源、证明对象以及与诉称事实的关联程度是怎样的？实现诉讼请求的概率以及胜诉的期望值到底是多少？诉讼的焦点、难点以及致命的症结在哪里？倘若这些没有考虑清楚，即便立了案，也可能在后续的审理中出现麻烦。

作为律师，在了解案件情况时，我一般都问得非常详细，尽可能地将案件还原，全方位进行权衡和考虑。因为一旦在某一个点上有所疏忽，就可能对全局造成影响。判断起诉信息的价值和意义在于，我们可以从对方立论的错误和漏洞中寻找到辩驳的切入点，并以此为基准，有的放矢地构建抗辩反驳的计策。在正常情况下，我们可以从争讼双方主体是否适格、案件法律事实的重构、诉讼对策的制定等方面确定自己的诉讼战略，当然，我们要做的准备还不止于此。

下面就让我们通过一个案例，看看诉讼设计究竟有多重要。

甲借给乙100万元人民币，借条、转款凭证齐全。由于乙借钱不还，甲提起诉讼，请求法院判决乙还款100万元人民币、支付利息2万元人民币和承担诉讼费。一审判决乙还款100万元人民币，承担诉讼费1.4万元人民币，未支持利息请求。本案事实清楚、证据确凿，一审乙败诉也在情理之中。

从乙的角度考虑，因为判决未支持利息，所以还款时间越是拖延，对乙来说就越有利。基于这方面考虑，乙一定会选择提出上诉。此时，乙上诉的原因并非不同意判决内容，而仅仅是为了拖延几个月的还款时间，这就是策略性上诉。

不仅败诉方可以策略性上诉，胜诉方也可以把上诉当成一种诉讼策略。仅以本案为例，甲方认同一审判决的结果，但是如果放任乙方上诉，就很可能会错过最佳的款项执行期，时间一拖，自己等得再着急也还是拿不到钱，这样的结果显然是自己不愿意看到的。那么，如何才能有效地阻止乙方继续上诉呢？律师给出的办法就是让甲方也提起策略性上诉。如果甲方暗示缴纳了诉讼费，这场诉讼就演变为普通的上诉案件。甲方的妙手就在于，只提交上诉状，但不去缴纳上诉费用。等到上诉期届满7天以后，缴费期一过，超过期限不缴纳上诉费的就会被法院自动撤回上诉。

这样一来，虽然甲方没有交上诉费，却有效地对乙方起到了威慑作用。因为知道甲方上诉了，所以乙方就没有上诉，而最终在法院的结果是甲方、乙方都没有上诉，此案便直接进入执行阶段，甲方可以更快速地行使权利，拿回属于自己的款项。这种感觉就好像乙方搭上了甲方的顺风车，结果中间冷不丁出现一个急转弯，甲方直接把乙方甩出了车外，然后一路绝尘，扬长而去，无论乙方怎么挣扎都再无回旋的余地。

看到上面这个例子，估计很多朋友都会高呼过瘾，欠钱不还的人就应该是这样的下场。但是，在此之前，如果没有英明的战略决策，原告也没有真正看清整个案件的格局，很可能胜算就在别人手里了。所以对待这样的案件，最重要的就是做好准备，优化好诉讼的每一个环节和步骤，不给对方任何可乘之机，把握绝对的主控权。打官司的过程看证据，但诉讼过程中的细节也同样有学问。很多原告本来有理，官司也胜了，但最后落实到执行，却不见钱回来，于是心里憋闷，觉得是法院的问题，但真正的问题出在哪里，看看自己诉讼流程的设计就一切都明白了。

诉讼可能是一种谈判施压的手段，也可能是一种拖延时间的策略；可能是一种行为合理性的背书，也可能是一种打击竞争对手的手段。不同的诉讼目的有不同的策略，诉讼目的是当事人追求的最终结果，也是律师代理案件的目标，任何一个当事人都不会因为诉讼而诉讼，每个人都希望在这个过程中获得更大的利益和价值，同时摆明态度，打通诉求脉络，直达目的核心。这是我们衡量最终胜利的标准，也是我们起诉、上诉的终极目标，唯有把握好其中的每一个关键点，才能更有效率地达成目标，赢得诉讼的主动权，将胜算牢牢地把握在自己手中。

官司之后：申请执行的策略制定

有个朋友向我吐槽，本来官司打赢了，大家欢天喜地，结果到了执行时却听不到消息，就这样左等右等，如坐针毡，催也不是，不催也不是。一年多过去了，执行的事还是没有落地，眼看着被告在那里一脸轻松的样子，自己却每天没个好心情。于是他找到我，问我究竟有什么办法。我听了以后，苦笑道："谁让你当初不找我，执行这件事是要讲求策略的，你以为打完官司就胜券在握了吗？实话告诉你，距离事情的终结还差得远呢！"

打完官司得不到钱，这应该是当事人最怕遇到的事情，现在不知道有多少人正在遭遇类似的苦恼。更有甚者，自己等得焦虑，对方却借机把财产给转移了，等到真去执行的时候，发现一切早已物是人非。那么，究竟如何让自己的案件得到公正判决后有一个好的执行结果呢？根据多年的律师经验，我跟大家说说执行技巧这件事。我们先来看一个案例：

申请执行人王某与被执行人陶某在法院达成调解协议，约定陶某分期给付傅某欠款15万元人民币。但陶某未按协议履行，王某遂申请强制执行。在执行过程中，法院对陶某夫妇名下的财产进行调查，未发现其名下有房产、车辆、设备等财产，除通过扣划陶某银行存款执行到位2万余元人民币外，余款12万元人民币未执行到位。法院多次查找陶某夫妇，均未果。

傅某打听得知，陶某夫妇已到广州打工避债。法院组织干警到傅某提供的陶某夫妇可能活动的区域查找，也未查询到陶某夫妇的行踪。该案因陶某夫妇下落不明，又无财产可供执行，已终结执行程序。

看看上面的案例，人去楼空，执行无果，这样的结局真是悲惨。之所以会出现这样的问题，首先在于原告在借款时，没有与对方签订财产抵押条款，亦没有采取公正措施，以至于最终借款迟迟不还，自己又没有可以抓住对方财务流水的确凿证据。

这样的借款协议多半是存在风险的，出现问题后考虑执行已经晚了。只有提前完成质押协议，才能在执行物上有所保证，这也是有效保障自身财务安全的一个策略方法。但是原告在这件事上没有提前对相关事宜进行法律咨询，草率签订协议，最终官司打赢了，钱却要不回来，这又能怪谁呢?

一般来说，法院的“执行不能”主要是指执行法院穷尽一切执行措施，却因为受客观条件的影响，根本找不到被执行人名下可供执行的财产，或是因为被执行人下落不明，无法查出其名下可供执行的财产，导致执行案件最终无法有效执行。

遇到这样的情况，执行法院只能依法向申请执行人通报被执行人名下财产的情况，在申请执行人不能提供被执行人更多可供执行财产的情况下，案件便就此进入终本案件库。也就是说，整个案件就这样结束了，执行也就跟着完毕了。案件在终本后的3个月以内，法院会继续查控被执行人名下的不动产、银行存款、股票等财产，如发现有可供执行财产的线索，将立即恢复执行。在这段时期想要翻案，就必须调动所有资源寻找线索，如果找不到线索，3个月后周期完结，财产执行不回来，你也只能是没脾气了。

很多人都说执行实在太难，但作为律师，我可以肯定地告诉你，申请执行是有技巧的。特别是申请哪个法院执行是可以选择的。我国法律明确规定，判决生效以后，申请人既可以向做出判决的法院申请执行，也可以向财产所在地法院申请执行。也就是说，在这个时候，当事人一定要对法院进行认真的选择，因为这直接决定着当事人的案件能否尽快得到执行，与当事人的切身利益息息相关。

老实说，当前的社会信用体系还需要不断健全和完善，提高失信成本。一旦遇上“跑路”的被执行人，一定要快速到法院立案，履行自己的法律义务。未获得完全清偿的申请人就要赶快去找被执行人的行踪和财产的线索。那些尚未陷入经济纠纷的社会大众和企业一定要谨慎参与市场交易，提高自身的法律意识和自我保护意识，全面客观地评估潜藏的商业风险、交易风险和法律风险。

此外，还要注意法院申请执行的最长期限为2年，执行立案是执行程序的开始，如果2年期间内依然没有完成执行任务，执行期限失效，后面再想继续追逃就没那么容易了。在执行期间，一定要及时与执行法官保持联系，互通有无，彼此交流案件的进展情况，积极调查被执行人的财产情况，并将新的线索递交给执行法官。

当事人需要向执行法官了解被执行人的“三查情况”，也就是有没有银行存款、有没有房产土地、有没有个人车辆，一旦发现线索，应及时采取对策措施，最大限度地把控局面，行使好自己的个人权利。对于被执行人的房产、土地、车辆或其他的财产，如果有，就要向法院提交评估、拍卖的申请书。如果被执行人在其他执行案中有被拍卖财产的，可及时递交参与分配的申请书。当然，除此之外，还有很多需要注意的地方，这个时候，如果您身边有一位身经百战的律师，在制订执行方案时，一定会帮助您将这些内容考虑进去，这样不但可以大幅降低时间成本，还可以有效地规避风险，提升执行效率，达成诉讼的标的。

申请执行看似是小事，但小事塞牙，照样会让你痛。想要规避其中的风险，首先要提前做好充分的准备，理智地对每一个决策做出选择。

裁判员到位：合理运用仲裁解决争议

不管是企业与企业之间的纠纷，还是个人与个人之间的民事诉讼，时下，仲裁已经成为一种被大众所接受的主流趋势。因为仲裁既具有公正快捷的特质，又具有一裁终局的特点，所以越来越受到当事人的认可和欢迎。目前，全社会的自我安全维护意识、法律意识都在不断增强，由于对合同条款的理解不同而产生争议是在所难免的，这个时候就可以通过仲裁的方式切实有效地解决问题。

那么，什么是仲裁呢？所谓仲裁，指的是争议的各方当事人将争议提请第三方做出有约束力的裁决，并规定相应问题的解决方式。如果对仲裁进行细分，一般可分为政治方面的国家之间就领土等问题的国际仲裁、带有行政色彩的劳动争议仲裁、商事仲裁等。

商事仲裁通常又分为国际商事仲裁和国内商事仲裁，如果牵涉国外仲裁，就要了解对方国家的仲裁法细则；如果是国内的仲裁，就要按照国内仲裁法的相关规定予以裁决。在我国，遇到国际商事纠纷，当事人一般较多选择中国国际贸易仲裁委员会来进行管辖；遇到其他商事纠纷，当事人一般也会选择地级以上的城市设立的仲裁委员会来管辖。

而仲裁也是有相应特点的。首先，要出于双方自愿，算是一种协议管辖，排除了法院的强制管辖权。当事人可以依据自己的需要自由地选择仲裁机构、仲裁程序，指定仲裁员，选择解决争议的实体法等。这一切体现了市场经济的基本特征，也体现了市场主体的自由选择权。其次，审理案件多半是在不公开的状态下进行的，可以有效保护自身的商业机密和隐私权，开庭的气氛比较融洽，当事人可以心平气和地坐在一起商量着解决问题。同时，可以保护当事人双方的商业信誉和商业秘密，这对于双方的商业关系和利益都是有保护的。这时，倘若纠纷能够得以圆满解决，当事人不仅可以有效地保护自己的切身利益、维护个人的声誉和感情，还可以借助这样的争议解决方式维持良好的商业关系。

我们一起来看看下面这个案例。

2007年4月6日，河北中兴汽车制造有限公司（简称“中兴公司”）与被申请人AG公司分别签订了《CKD代理协议》和《技术合作协议》。2011年5月16日，中兴公司向石家庄市中级人民法院提出申请，请求确认上述两份协议中仲裁条款的效力，石家庄市中级人民法院受理了这一申请。

2011年10月11日，AG公司在香港向国际商会仲裁院提起了仲裁，随后中兴公司于2011年11月告知仲裁庭已对仲裁条款的效力在石家庄市中级人民法院正式递交了申请。2013年2月19日，国际商会指定的独任仲裁员做出部分裁决，认定此案程序方面适用于香港法律，并随之使用香港法确认其对此案享有的管辖权。随后，中兴公司向香港高等法院申请撤销部分裁决，但最终被驳回。

2015年9月，国际商会仲裁庭根据1998年《国际商会仲裁规则》做出最终裁决，裁决中兴公司向AG公司支付利润损失和相应损害赔偿共计5200余万美元，AG公司遂向宜昌市中级人民法院申请承认并执行该裁决。

2018年7月6日，石家庄市中级人民法院裁定确认两份协议中的仲裁条款均为无效协议。石家庄市中级人民法院认为，当事人未约定中国的适用法律，当事人约定的仲裁地为中国，而我国内地以及香港特别行政区、澳门特别行政区、台湾地区分属于不同的法域，当事人对仲裁地约定不明，本案适用法院地即我国内地的法律对仲裁协议的效力做出认定。

根据仲裁协议中文翻译文本显示的内容，当事人仅仅约定了使用国际商会的规则而未约定明确的仲裁机构，根据我国《仲裁法》第18条的规定，两份协议中的仲裁条款都是无效的。

该案涉及石家庄市中级人民法院、香港高等法院与宜昌市中级人民法院，石家庄市中级人民法院与香港高等法院就两份协议中仲裁条款的效力认定结果持相反态度。此外，该案自2011年立案，时隔整整7年才做出裁定，该案的争议和分歧可见一斑。

仲裁作为一种国际通行的争议解决方式，其最大的特点就是充分尊重当事人的意思自治，按照法律和商业惯例公平合理地处置争议。就此案而言，虽然里面有很多复杂的内容成分，但最终当事人双方对争议事实都消除了异议。由此可见，对很多企业而言，仲裁调解的方式比运用仲裁裁决的方式更为有益，也更方便解决纠纷和维护双方当事人的权益，通过仲裁调解，双方当事人互相做出了让步，最终达成一致，使问题非常顺利地得到了解决。

之所以选择仲裁，主要是因为仲裁对自己有利。在面临纠纷时，很多企业都会考虑采取仲裁的方式解决问题，这首先考虑的是对自己机密的维护，其次是因为仲裁相对宽泛、自由、轻松。常言说得好，买卖不成仁义在。尽管在仲裁的谈判桌前谈论的可能是相当尖锐的问题，但就气氛来说，总比在法院真刀真枪地对决来得缓和一些。

作为一个企业，如果想谈赢，要做的准备是相当多的。首先，决定申请仲裁的法院选在哪里更为有利。如果是国外的仲裁机构，就要提前把该国的

《仲裁法》了解清楚。从经验来讲，倘若与你对峙的是对方国家的公司，那么主动权多半在对方手里。原因很简单，人家的国家、人家国家的企业，自己人当然要向着自己人。就国家利益而言，当然要先保证本国企业的经营利益。除非你在很多方面真的准备到位、证据充分，绝对毫无质疑，对把控主动权绝对有信心，那么，这个时候确实可以在权衡之下勇敢地做出选择。

由此可见，把仲裁机构选在哪里直接决定了最终胜负的基调。一旦仲裁成立、地点成立、内容成立，即便存在质疑，想要翻牌也不是那么容易。人们常说，幸运之神永远青睐那些有准备的人，虽然仲裁氛围轻松，但裁定了也要照章办事。

作为法务工作者，我想说的是，在面临仲裁决策之前，最好的办法就是找到专业的法律顾问对问题进行反复推敲，看看哪些内容更有利于自己，哪项选择需要仔细斟酌，提前把相关的事情了解清楚，准备才会更充分。

术业有专攻：用专业捍卫权利

我始终信奉专业主义的力量，并在每段职业生涯中以专业为标尺，时时衡量和反思自己的所作所为。就律师行业而言，你的每一份专业都意味着能更好地捍卫当事人的权利，为他们在焦头烂额之际送去最有力的支持和慰藉。

我认为，专业律师所能提供的不仅是一种法律知识服务，更是一套方案、一份希望、一个需要专业水准才能达成的诉讼目的。下面我结合多年的经历谈谈这个话题。

首先，专业律师可以帮你省心又省钱。我们生活的这个时代是个合理分工的时代，并且分工和职责日益垂直细分。所谓尽职尽责，就是把自己分内的事做得更专更精。就打官司这件事来说，有些人一辈子可能就遇到那么一次，有些人可能会遇到几次，总之，打官司是正常人的非日常状态。但是律师每天都在与官司打交道，不论是从战术上，还是心理素质上，都更有经验。哪里有雷区、哪里能省钱、采取什么样的方式可以更高效有力，这些事情律师往往了然于心。一名经验丰富的律师，一件案子放在手里一看，就知道问题在哪里、应该采取什么措施。专业的律师可以帮助当事人摆脱不安困境，甚至让当事人在破迷开悟的瞬间产生拨云见日般的好心情。专业的律师提供的绝不仅是法律知识服务，更是一颗直接关系官司成败的最有价值的“定心丸”。

其次，聘请专业律师往往能够最大限度地维护当事人的合法权益。由于缺乏法律常识，很多时候，当事人身处其中，根本意识不到自己在吃亏。即便意识到自己吃了亏，也不知道怎样为自己伸张正义。法律讲的是证据，凭的是法条的严谨，而对于一个普通人来说，倘若不是生活中出现了相关问题，可能一辈子都不会去细致了解这些内容。但专业律师不一样，他们见多识广、精于法条，对办案的流程也非常了解，能够针对案情精确分析，采取正当的法律手段帮助客户维权。

最后，也是最重要的一点，专业律师可以帮助当事人有效地规避和应对风险。不论是企业，还是个人，在行使民事权利时，面对眼前的利益和需求，多少都会出现手足无措的情况。比如这份合同该不该签，如果一定要签，哪些条款是自己应该提前要求对方进行诠释的，哪些是自己可以申请的补充条款，哪些内容是需要提前变更或删改的。这些内容看起来不过是条款中的几行字，但字里行间体现的全都是自己的义务和权利，这个时候倘若思路不够清晰，糊里糊涂就签了字，一旦出了问题，再折回来维权就晚了。倘若我们能够提前将内容交给律师审一下，倘若我们聘请的律师具有足够的专业水准，他就会告诉你，哪些地方有问题、哪些内容需要修订、什么地方存在雷区、什么地方签署的时候一定要谨慎。有了这重专业性的加持，再面对法律问题时，就不至于被动而没有安全感了。

从业20多年，我接触了大量国内外客户。一种明显的感受是，相较于国内客户，国外客户的法律意识更为健全也更加强烈。不管遇到什么问题，只要牵涉法律的，国外客户就一定要聘请专业律师，甚至有些暂时不涉及法律事务的，他们也会参考律师的建议，聘请律师来为自己做见证。而国内客户的法律意识相对薄弱一些，对风险的防控能力自然也形成了劣势。他们觉得律师就是请来打官司的，是自己出现官司纠纷以后才会接触的对象。其实他们没有意识到，对于一个法制体系越来越健全的社会来说，绝大多数社会关系都与法律有着千丝万缕的联系，绝大多数事务都需要由法律来进行规范，绝大多数问题都需要依靠法律来解决。无论是个人，还是企业，经常找自己的律师聊一聊，多征询一下律师的意见，这不是一种浪费，而是最大限度保护自我权益的方式。

自然法之父西塞罗曾说："人民的幸福是至高无上的法。"我深以为然。所有的法律最终都要服务于全体公民的福祉，一个更具经济活力和公民幸福感的社会一定伴随着法律制度的不断健全和法律意识的普遍提升。所以，最后我给大家的建议是，在这个法制不断健全的国家里，在依法治国的大方针下，我们一定要培养自己的法律意识，并不断强化这一意识，做一个懂法、敬法、守法的人。

具有法律意识、能够与法律共生共长是每个企业的必修课，更是每一位现代公民的必修课。这堂课路漫漫其修远兮，需要我们每一个人参与其中，奋楫笃行。这是每一位律师从业者需要不断自我进化、奋力奔赴的理想之地。

参考文献

［1］林艳琴. 我国私有企业法律形态研究[M]. 北京：中国检察出版社，2008.

［2］洪桂彬. HR必备法律工具书：企业用工风险防范实务操作与案例精解[M]. 北京：中国法制出版社，2021.

［3］王旭，乐雯晴. 从招聘到离职：人力资源管理实务操作宝典[M]. 北京：企业管理出版社，2019.

［4］罗纳德・H.科斯. 企业、市场与法律[M]. 盛洪，陈郁，译校. 北京：格致出版社，2014.

［5］武亮，赵永秀. 国际贸易风险防范[M]. 北京：人民邮电出版社，2016.

［6.］刘晓宏. 外汇风险管理战略[M]. 上海：复旦大学出版社，2009.

［7］梁轶. 投融资常见法律问题实用问答[M]. 北京：中国法制出版社，2016.

［8］李为民. 安全远行：企业刑事法律风险防范深层分析[M]. 北京：中国政法大学出版社，2018.

［9］王宗正. 企业法务：从入门到精通[M]. 北京：法律出版社，2020.

［10］叶小忠，林志炜. 中国企业法务观察：第五辑[M]. 北京：法律出版社，2019.

［11］张太宇. 企业法务宝典[M]. 北京：中国法制出版社，2006.

［12］雷彦璋. 风险博弈：非诉业务技巧与公司法务精要[M]. 北京：中国法制出版社，2018.

［13］王华鹏，孙长征. 公司上市法务操作全程指引[M]. 北京：法律出版社，2007.

［14］瞿同祖. 中国法律与中国社会[M].北京：中华书局，2003.

［15］陶光辉. 法务之道——成为精英法务的八堂课[M]. 北京：中国法制出版社，2019.

［16］鲁照旺. 采购法务与合同管理[M]. 北京：机械工业出版社，2008.

［17］上海市律师协会特邀会员工作委员会.公司法务实务操作指引[M].北京：法律出版社，2019.

［18］周波，狄缳，陈鸣. 外商投资企业设立法务操作全程指引[M].北京：法律出版社，2007.

［19］黄乐平，等. 企业人力资源法务全解[M]. 北京：法律出版社，2007.

［20］周连勇. 公司的法务：风险预案30例[M]. 南京：南京师范大学出版社，2009.